하루 10분 MBA

글로비스 · 시마다 츠요시

하루
10분
MBA

매일매일 실천하는
비즈니스의 100가지 기본

비즈니스랩

들어가며

어떤 일이든 기본이 있습니다. 축구라면 '앞을 향해 공을 찬다', '상대와 정면으로 마주할 때는 드리블한다', 야구라면 '투구할 때 완급을 조절한다', '안쪽으로 던지기를 두려워 마라', 사진 촬영이라면 '역광은 피하라', '구도는 삼분할 구도, 사분할 구도, 원형 구도, 대각 구도부터' 등이 기본에 해당합니다.

이러한 기본은 선조들이 오랜 시간 동안 유효성을 확인하고 가르쳐 온 것입니다. 현실적으로 모든 기본을 갑자기 익히는 것은 어려울지도 모릅니다만, 아느냐 모르느냐에 따라 습관과 실천에서 하늘과 땅만큼의 차이가 생긴다는 것쯤은 쉽게 상상할 수 있을 겁니다.

비즈니스에서도 마찬가지입니다. 기본을 아느냐 모르느냐에 따라 생각보다 큰 차이가 벌어집니다. 예를 들어 이 책의 기본 1에서는 평소에 이것을 얼마나 의식하는가에 따라 개인의 윤리적 사고와 사내 회의의 생산성에 큰 차이가 생긴다는 것을 알려 줍니다.

'기본'이라는 말에는 첫걸음이라는 의미가 담겨 있습니다. 따라서 초심자용이라는 의미가 큰 동시에, 첫발을 제대로 떼지 못하면 베테랑도 실패할 수 있다는 우려도 내포하고 있습니다. 실제로 세상에서 벌어지는 대부분의 실패는 어려운 일에 도전하다가 생긴 게 아니라 기본을 무시한 결과입니다. 따라서 이러한 비즈니스의 기본, 핵심을 간추려서 효율적으로 배우고 싶어 하는 사업가나 학생이 많을 것이라 생각합니다.

요즘처럼 빠르게 변화하는 시대일수록 기본을 제대로 배우고 자신의 가치를 높여야 합니다. 그렇지 않으면 설령 일자리를 얻어도 생각대로 일이 풀리지 않아 결국 잃고 말겠죠.

그렇다고 MBA의 기본을 효과적이고 체계적으로 배우기도 쉽지 않았을 겁니다. 분야도 다양하고, 다방면에 걸친 전문 용어가 쓰이기 때문입니다. 어디부터 공부를 시작해야 좋을지 모르겠다는 분도 많으실 겁니다.

이러한 점을 고려하여 이 책에서는 비즈니스 현장이나 MBA 클래스에서 반복하여 언급되는 중요한 내용과 실전에 도움이 되는 핵심만을 엄선하여 이해하기 쉽고 부담 없이 읽어갈 수 있도록 만들었습니다.

경영학을 처음 접하는 분이라면 비즈니스의 기본과 반드시 알아야 하는 내용이 무엇인지 배울 수 있을 것입니다. 혹시 몰랐던 부분이 있다면 반복해서 읽으시길 바랍니다.

비즈니스 분야의 베테랑에게도 무슨 일이 생겼을 때나 의사를 결정하고 실천할 때 실마리가 되어줄 것입니다. 또 부하 직원을 지도할 때도 활용할 수 있습니다. 실제로 직장에서 "이런 말이 있다는 거 알고 있었어?"라며 인용할 수도 있겠지요.

그런 뜻에서 이 책은 교육서이자 실천서라고 할 수 있습니다. 또 구성의 특징상 처음부터 읽을 필요는 없습니다. 흥미로운 부분부터 읽으셔도 됩니다.

지금 현재, 눈앞에 닥친 업무를 처리하는 데 사전처럼 사용하셔도 좋습니다. 실무 활용도가 높은 책이므로 부디 최대한 써먹기를 바랍니다.

이 책에서 소개하는 기본을 이해하고 나면 저절로 더 깊이 공부하고 싶어질 겁니다. 과목과 주제별로 참고할 만한 교과서는 많이 있으며, 책 외에도 배울 방법은 다양합니다. 이 책이 MBA의 전체상을 조감하고 경영 공부의 출발점으로 활용되기를 기대합니다.

마지막으로 이 책을 출간하는 데 도움을 주신 여러분께 감사의 말씀을 올립니다. 이 책을 집필하는 동안, 수많은 분께서 기획단계에서 출간에 이르기까지 조언과 지원을 아끼지 않으셨습니다. 다시 한번 감사드립니다. 또 원고에 유익한 피드백을 해 준 모든 동료분께도 감사드립니다.

이 책이 많은 사업가, 특히 최전선에서 활약할 많은 실무자의 비즈니스 능력 향상에 기여한다면 더할 나위 없겠습니다.

글로비스 경영대학원 교수
시마다 츠요시

이 책의 구성

이 책은 전체 11장으로 100가지 기본을 소개합니다.

그림 01 MBA의 전체상과 위치 관계

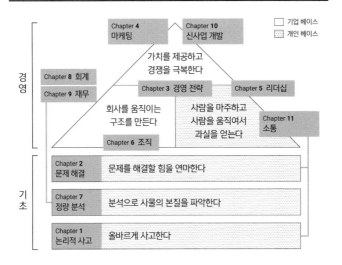

아래 세 단은 상황을 적절히 사고하고 문제를 해결하는 '기초'가 됩니다. 이는 컨설팅 회사 등에서 철저히 단련시키는 부분입니다. 피라미드 위쪽은 경영학의 핵심으로 전 세계 MBA 커리큘럼에서 표준으로 가르치는 부분입니다.

배경이 점으로 채워진 부분은 개인적인 역량을 발휘하기 위해, 흰색 부분은 조직 경영을 위해 단련해야 할 힘입니다. 경영에는 이 두 가지 힘이 필요하다는 점을 기억하시기 바랍니다.

각 장에서 다루는 항목 수는 중요도에 따라 설정했습니다.

차례

논리적 사고
설득력을 높인다

Chapter
02

문제 해결

바람직한 상황을 만든다

경영 전략

좋은 전략 없이 장기적인 번영은 없다

마케팅

효과적으로 자금을 얻는다

Chapter 05

리더십

사람이 움직이지 않으면
어떤 일도 실현되지 않는다

Chapter
06

조직
뛰어난 조직의 구조가 경쟁력을 향상시킨다

정량 분석

숫자로 의사를 결정하고 사람을 움직인다

회계

회사의 숫자는 제대로 읽어내라

재무

기업가치의 최대화를 도모한다

신사업 개발

Chapter 10

기업 존속의 길이자, 경제 성장의 원천이다

소통

생산성을 높인다

Chapter

01

논리적 사고

설득력을 높인다

설득력을 높인다

비즈니스에서 생산성을 높이려면, 적절한 의사결정 능력과 타인을 설득하는 소통 능력을 갖춰야 합니다. 이러한 능력은 모두 논리적 사고에 포함됩니다.

만약 두 능력을 갖추지 못하면 잘못된 의사결정을 내릴 가능성이 커집니다. 따라서 영향력이 커질수록 회사에 손해를 끼치게 됩니다. 예를 들어 매수하면 안 되는 기업을 매수하면 기업의 수익성은 크게 줄어들게 되겠죠? 실제로 잘못된 의사결정으로 막대한 경영 위기에 빠진 기업이 적지 않습니다.

또 타인에게 설득력 있게 자신의 생각을 전달하는 능력이 없다면 그들을 끌어들이지 못하므로 아무리 아이디어가 좋아도 빛을 보지 못하게 됩니다.

"이 제품을 개발하면 좋을 것 같습니다만."
"이유는?"
"뭐라고 설명해드려야 할지, 하지만 느낌이 좋습니다."

이런 대화를 누가 수긍할까요? 한 사람 정도는 동의해 줄지도 모르지만, 근거가 애매하여 좋은 결과를 끌어내지 못합니다.

흔히 논리적 사고를 컴퓨터의 중앙처리장치, CPU(Central

Processing Unit)에 비유합니다. 아무리 경영 지식과 노하우(OS 며 애플리케이션)가 있어도 CPU 처리능력이 부족하거나 오작동을 일으킨다면 돼지 목에 진주 목걸이일 뿐입니다.

1장에서는 모든 일의 바탕이 논리적 사고라는 점을 깊이 새겨 두시기 바랍니다.

문제 해결

경영 전략

마케팅

리더십

조직

001 '무엇을 사고해야 하는가?'를
먼저 생각하라

논점은 무엇인가?

설득력 있게 주장하려면 우선 '무엇을 사고할 것인가?'를 파악해야 합니다. 이 질문 자체를 논점 혹은 이슈라고 부릅니다.

논점을 파악하고 있으면 자문할 때나 회의가 샛길로 빠질 것 같을 때 본론으로 되돌릴 수 있습니다. 나아가 부하 직원이나 후배를 지도할 때도 사용할 수 있습니다.

다음과 같은 사례를 생각해 봅시다. 신입 사원 연수의 방향성에 대해 논의 중인 회의에서 한 참가자가 이렇게 발언했습니다.

"우리 회사는 신입 사원 연수에만 주력하고 다른 구성원 연수에는 소홀하지 않습니까?"

발언 자체는 사실일지 모르며, 발언한 사람 역시 올바른 문제 제기였다고 생각할지 모릅니다. 그러나 본래 회의 목적에는 벗어나 있습니다. 이러한 발언이 여기저기서 튀어나오면 모두가 자신의 관심사를 입 밖에 내기 시작하고 회의는 엉뚱한 방향으로 흐르게 됩니다. 회의에 영향력 있는 사람이 이런다면 더욱 궤도를 벗어나게 됩니다.

이렇게 되면 본래 회의에서 결정해야 할 사항이 결정되지 못하는 결과를 초래합니다. 이렇게 시간만 낭비하는 회의는 기회비용(그 시간에 할 수 있던 다른 일)이 발생하는 전형적인 예시입니다. 논점을 벗어난 회의만큼 모두가 괴로운 자리는 없습니다.

논점을 벗어나는 전형적인 사례는 다음과 같습니다.

- 자신이 관심을 쏟는 사항에 필요 이상으로 과몰입한다.
- 정의와 전제에 필요 이상으로 집착한다.
- 일반론과 개별론을 혼동한다.
- 필요 이상으로 추상화한다.
- 본론과 인격이나 태도, 처지를 혼동한다.
- 본론과 절차에 관한 내용을 혼동한다.

위처럼 회의에서 흔히 등장하는 사례 외에도 본래의 논점에서 벗어난 자료를 작성하거나 논점과 연관성이 없는 외부 협력사와 논의하는 일도 결국에는 무용지물이 될 뿐입니다.

키워드 논점, 이슈

002 이해할 만한 여러 근거로
균형 있게 주장하라

세 가지 근거

어떤 주장을 할 때는 대개 세 가지(혹은 네 가지) 정도 '뒷받침해 줄 근거'가 필요하다는 것이 소제목의 취지입니다.

왜 세 가지일까요? 근거가 하나밖에 없는 주장은 위태위태할뿐더러 설득력도 떨어집니다. 예를 들어 '사원의 SNS 이용을 금지합시다. 왜냐면 위험하니까'라는 식의 주장입니다. 근거가 두 가지라면 설득될 때도 있지만 일반적으로 기둥으로 삼기에는 취약합니다.

반대로 근거가 다섯 가지를 넘으면, 설명을 듣는 사람이 일일이 기억하지 못하여 제삼자에게까지 전달되지 못하는 문제가 생깁니다. 필자의 경험상, 근거는 이해할 만한 내용을 서너 가지 정도로 요약하는 게 효과적입니다.

또 논리적으로 설득력 있게 주장하려면 논리 구조가 탄탄해야 합니다. 이럴 때는 피라미드 구조 사고방식이 도움이 됩니다.

그림 2처럼 맨 위에 메인 메시지인 주장이 있고, 아래에 주장을 지탱하는 기둥이 세 가지 근거, 그 밑에는 근거를 뒷받침하는 각각의 근거가 뿌리내리고 있는 구조입니다.

전(前) 매킨지 컨설턴트 바바라 민토(Barbara Minto)가 고안한 피라미드 사고구조는, 이미 컨설팅 회사에서 논리 전개의 표준 포맷이 되었으며 논리적 사고를 강화할 때 반드시 거치는 프레임워크입니다.

완성형 피라미드 구조는 어떤 층을 봐도 '왜?(Why?)'라는 상단의 물음에 하단이 대답하는 관계로 이어집니다.

즉, '(주장)입니다. 왜냐하면 (근거 A), (근거 B), (근거 C)이기 때문입니다', '(근거 A)입니다. 왜냐하면 (근거 A-1), (근거 B-1), (근거 C-1)이기 때문입니다'와 같은 형태입니다.

마찬가지로 하단이 '그래서 뭐?(So what?)'라고 물으면 상단이 대답하는 관계로 연결됩니다.

그림 02 피라미드 구조

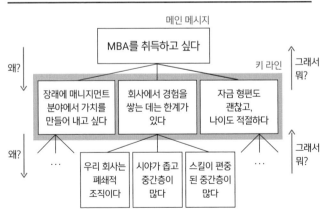

출처: 바바라 민토 《생각하는 기술, 쓰는 기술》

그림 2의 사례를 봅시다. '(주장) MBA를 취득하고 싶다.'

왜냐하면, 다음과 같기 때문입니다. '(근거 A) 장래에 매니지먼트 분야에서 가치를 만들어 내고 싶다', '(근거 B) 회사에서 쌓는 경험에는 한계가 있다', '(근거 C) 자금 형편도 괜찮고 나이도 적절하다.'

이러한 주장은, 'MBA를 취득해 두면 안심될 것 같아서' 혹은 '지금 회사가 불만스러워서 MBA를 취득하고 싶다'처럼 근거가 부족하고 편향된 주장보다 훨씬 설득력이 있습니다.

즉, 메인 메시지를 뒷받침하는 '기둥'인 키 라인은 마치 건물의 지붕을 떠받치는 굵은 버팀목처럼 균형을 잡아주고 이해를 돕는 역할을 합니다.

이러한 프레임워크는 비즈니스에서 주장을 뒷받침해 줄 기둥이 필요할 때 사용하면 효과적입니다(3C, 4P 등이 유명합니다). 길게 봤을 때 프레임워크를 아느냐 모르느냐는 생산성에서 큰 차이를 가져옵니다. 기초적인 프레임워크만은 알아 둡시다.

MBA 교수의 조언

알아두면 도움이 되는 대표적인 비즈니스 프레임워크를 소개하오니 참고하시길 바랍니다.

- **PEST**: 업계를 둘러싼 거시 환경을 정치·법률(Politics), 경제(Economy), 사회(Society), 기술(Technology)의 관점에서 분석한다.

- **3C**: 시장·고객(Customer), 경쟁(Competitor), 자사(Company)를 망라하여 분석함으로써 사업과제를 찾아내고 전략 방향성을 잡는다.

- **4P**: 마케팅에서 적절한 고객 접근법으로서 제품(Product), 가격(Price), 유통(Place), 촉진(Promotion)의 네 가지 조합에서 검토한다.

- **가치 사슬**(Value Chain): 사업 활동을 기능별로 분류하여 어떤 부분(기능)에서 부가 가치를 만들어 내고 있는지를 알고, 전략 수립 시 활용한다.

키워드 피라미드 구조, 왜?(Why?), 그래서 뭐?(So what?), 비즈니스 프레임워크, PEST, 3C, 4P, 가치 사슬

비판적으로 바라보라

아무리 논리 전개가 타당했더라도 근거의 바탕이나 전제가 흔들리면, 최종적인 주장도 갈피를 잃게 됩니다. 그림 2의 피라미드 구조로 설명하자면, 가장 아래에 있는 근거가 사실(Fact)이 아니게 됩니다. 이러한 사태를 방지하는 질문이 '그거 진짜야?'입니다. 단순하지만, 최종적인 주장이나 결론의 설득력을 높이는 데 매우 강력한 질문입니다.

올바른 방향으로 논리가 전개되었어도 잘못된 근거 탓에 부적절한 결론으로 이어지는 사례가 바로 그림 3입니다.

그림 3은 비교적 단순한 삼단 논법식 논리 전개입니다. 아마존(Amazon)은 창업 이후 20년간 올린 매출에 비해 실제로 이익은 거의 남기지 못했기 때문에 최종 결론도 왠지 이해가 됩니다.

그러나 아마존 경영이 불합격이라고 말하는 전문가나 주주는 많지 않을 겁니다. 과연 어디가 문제일까요?

이 사례에서 볼 때, '기업은 강력한 이익 실현을 요구받는다'라는 최초의 전제가 어느 기업에나 해당되는 것은 아니라는 게 문제입니다.

그림 03 **어디가 이상할까?**

> '기업은 강력한 이익 실현을 요구받는다.'
>
> '아마존은 창업한 지 20년이나 지났지만,
> 여태껏 이익을 크게 남긴 적이 없다.'

↓

'아마존 경영은 불합격이다.'

아마존은 작심하면 언제든 이익을 실현할 수 있습니다. 하지만 어설프게 눈앞의 이익을 좇기보다 벌어들인 현금을 재투자하면서 성장을 거듭하고 있습니다. 존재감을 압도적으로 키운 뒤에 이익을 회수하겠다는 발상입니다.

이는 IT업계에서 자주 응용되는 방식입니다. 기업 가치가 100조 원이라는 우버(Uber)와 같은 기업(2016년 기준)도 아직껏 적자를 내면서도 벌어들인 자금을 오로지 성장을 위해 투자하고 있습니다.

즉, '기업은 강력한 이익 실현을 요구받는다'의 전제는 성숙한 공개기업, 특히 리얼 비즈니스 분야(인터넷 비즈니스를 제외한 나머지 비즈니스 분야)에는 적용되지만, IT업계 중에서도 플랫폼형 비즈니스와 벤처기업에는 반드시 해당되는 것은 아닙니다. 적용하기 힘든 부분을 대전제 삼아 아마존을 평가한 부분이 앞선 논리 전개의 함정이었습니다.

근거와 전제의 옳고 그름을 어떻게 확인하면 좋을까요? 몇 가지 힌트를 소개합니다.

1. 건전한 비판 정신과 대표적인 참고치를 만든다

어떤 자료에 '자동차업계 시장 규모는 200조 원'이라고 실린 정보를 근거로 삼았다고 가정해 봅시다. 그러나 도요타자동차 (Toyota) 한 곳의 매출만 해도 200조 원이 넘는다는 것을 알고 있었다면 이내 틀린 정보임을 한눈에 알아차리게 될 것입니다.

2. 출처가 어디인가?

인터넷에서 정보를 다양하게 얻을 수 있지만, 소스를 따라가면 소문에 불과하거나 한 사람이 쓴 책이나 블로그에 기인하고 있는 경우가 적지 않습니다. 신용할 만한 정보원인지 늘 의심해야 합니다. 의문이 들면, 스스로 확인하는 부지런함이 필요로 합니다.

3. 정보수집 상황을 정밀히 조사한다

사내 조사와 같은 데이터에 의문이 들 때 효과적입니다. 질문표 설계가 이상하거나 편향된 샘플에서 정보를 수집하는 일이 자주 발생합니다. 이때, 숫자를 집계하고 계산한 사람이 의도적으로 숫자를 고치는, 즉 개찬(改竄)하는 일도 적지 않게 발생하기도 합니다(기본 62 참고).

무엇을 주장할 때는 언제나 '사실 기반(Fact Base)'이어야 함을 의식하고 타인의 주장이나 근거가 수상하면 '그거 정말이야?' 하고 되묻는 습관을 들입시다.

MBA 교수의 조언

사물을 비판적으로 바라보는 일은 매우 중요합니다. 하지만 기본적으로 조직과 관계자에게 가치가 있으며 건설적이어야 한다는 점도 잊어서는 안 됩니다. 상대의 결점을 찾아내어 공격하는 등 비판을 위한 비판이 되지 않도록 조심해야 합니다.

상대를 대할 때도 무뚝뚝하기보다 상대의 감정을 배려하여 "이 숫자는 피부에 와닿지 않는데요, 어디에서 찾으셨어요?"처럼 부드럽게 질문합시다. 그래야 업무도 원만히 진행됩니다.

키워드 참고치, 출처, 데이터 개찬, 사실 기반, 비판 정신

004

사물을 다면적으로 봐야
전체 최적화*를 만들어 낸다

반대하는 사람에게는
그만의 논리가 있다

사람은 자신이 옳다고 생각하면 자기주장과 근거에 빠져들어 시야가 좁아지기 마련입니다. 기본 5의 '사람은 자신이 보고 싶은 것만 본다'라는 문장과도 관계가 있습니다.

또 자신의 의견에 반대하는 사람에게는 무의식적으로 적의를 품게 됩니다. 이래서는 생각이 깊어지지 않고 논의도 생산적이질 못합니다.

반대하는 사람의 주장과 근거를 허심탄회하게 받아들이고 상대가 왜 그 같은 주장을 펼치는지 이해한다면, 자기 자신의 사고력 심화 및 윈윈(win-win) 관계 구축, 효과적인 문제 해결로 이어집니다.

소제목은 메이지 시대를 대표하는 기업가 시부사와 에이치가 한 말로, 그는 '사정을 듣기도 전에 괘씸한 녀석이라며 느닷없이 화내야 아무 소용이 없다. 그것은 문제의 본질적인 해결로 이어지지 않는다'라고 덧붙였습니다.

---

* 전체 최적화(overall optimization)는 경영학 용어로, 시스템이나 조직 전체가 최적화된 상태를 의미하며 시스템이나 조직의 이상형으로 꼽힌다.

이러한 정신은 복안 사고와도 연결됩니다. 상대에게는 상대의 처지에 맞게 목표로 삼은 이익이 있으므로 기저에 깔린 전제부터가 다릅니다. 상대에게 자신의 이치를 밀어붙이는 것은 오만한 행동이며 사고 정지이기도 합니다. 이럴 때 상대의 처지에 서서 생각하는 것이 복안 사고의 첫걸음입니다.

제조사가 하도급 업체에 대한 전략을 세울 때는 각각의 하도급 업체의 처지에서 바라봐야 합니다.

하도급 업체는 이익을 더 높이기 위해 대량으로 구매해 주기를 바랄 테고, 개당 마진도 높이고 싶어 할 겁니다. 이 말이 이해된다면 '많이 살 거니까 이 이상의 가격은 안 된다. 나머지는 업체에서 알아서 비용 절감하도록'과 같은 주장에 타당성이 얼마나 부족한지 금방 아실 겁니다.

한 걸음 더 복안 사고에 다가가 봅시다. 기업의 모든 이해관계자(stakeholder)가 어떤 처지에 있는지 생각해 보는 것도 효과적일 것입니다.

무엇보다 감정이 나빠져서 사이가 껄끄러워지면 회복하기도 쉽지 않으며, 사심 없이 상대를 헤아리기도 어렵습니다. 그래서 더욱 상상력을 발휘하여 상대의 처지를 이해하고 복안 사고를 바탕으로 생각을 펼쳐야 합니다.

키워드 win-win, 복안 사고, 사고 정지, 이해관계자

사람은 자신이 보고 싶은 것만 본다

　사람은 스스로 어떤 결론에 도달하고 나면 자기주장에 맞는 정보만 수집하게 됩니다. 전문 용어로 확증 편향(confirmation bias)이라고 합니다. 본래 수집된 정보는 중립적으로 검증되어야 설득력이 생깁니다.

　필자는 대학원에서 강의할 때 자주 '마음먹으면 한 사람을 성인군자로도, 극악무도한 사람으로도 만들 수 있다'라고 이야기합니다. 인터넷에서 다양한 정보를 얻는 요즘, 이러한 함정은 더욱 많습니다.

　이것이 단순한 호불호 정도라면 크게 문제 되지 않습니다. 요미우리 자이언츠 야구팀의 안티팬이 악의적인 정보만을 보고 더 심한 안티팬 되어가는 상황처럼 말입니다.

　그러나 기업의 사활이 달린 의사결정 문제라면 이야기는 달라집니다. 신규 사업 진입이냐, 사업 매각이냐는 심각한 문제에 결론을 내려놓고 논의를 시작하는 것만큼 위험한 일도 없습니다.

　자신에게 객관적으로 직언해 줄 만한 지인을 여럿 두고, 그들의 목소리에 귀를 기울이는 겸허함이 필요합니다.

Chapter 1
논리적 사고

문제 해결

경영 전략

마케팅

리더십

조직

그림 04 확증 편향

눈에 잘 들어오는(보고 싶은) 정보

· 성격이 좋아 보여.
· 기술이 좋아서 팀에 도움이 되겠어.
· 우리 회사의 조직풍토에 맞을 것 같아.
· 유명 대학 출신이야.

그/그녀를
채용해야 해

눈에 잘 들어오지 않는 정보

· 단기간에 이직을 반복하고 있어.
· 사적으로 소송 중인 민사 사건이 있어.

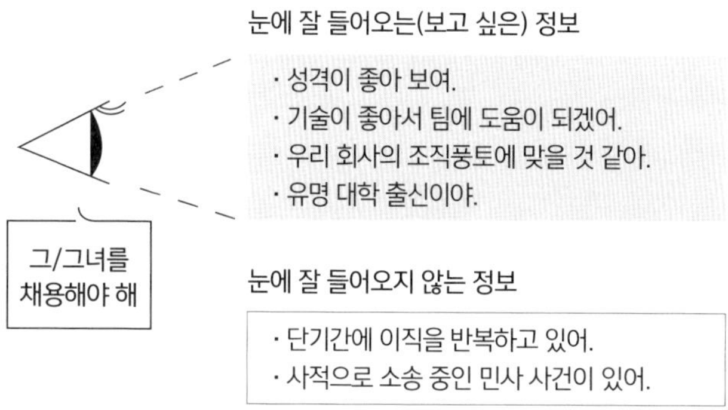

MBA 교수의 조언

회의 운영의 기술 중에 '**악마의 대변자**(devil's advocate)를 두라'는 말이 있습니다. 악마의 대변자란 늘 비판적인 입장에서 모두의 의견에 반론을 제기하는 역할입니다. 잘 활용하면 회의 참가자 전원이 놓친 관점이나 포인트를 부각해 줍니다. 조직 내 확증 편향을 줄이는 지혜라고나 할까요.

키워드 확증 편향, 악마의 대변자

객관적으로 보라

사물을 조망할 때 자신이라는 존재의 관점은 매몰되기 쉽습니다. 다음과 같은 전지적 시점은 사고력과 그에 부수되는 비즈니스 스킬을 향상해 줍니다.

· 나는 지금 어떤 상황에 있으며, 어떻게 행동하고 있는가?
· 타인에게 어떻게 보이는가? 호의적인가, 비판적인가?

전지적 시점에서 자신을 바라본다는 것은 무슨 뜻일까요? 유체 이탈한 영혼이 살아 있는 자신을 냉정히 바라보는 상태라고 떠올리면 쉽게 이해될 겁니다. 이 같은 자기 객관화에는 다음과 같은 장점이 있습니다.

1. 사고의 생산성이 향상된다

자신을 냉정히 바라봄으로써 기본 1의 '논점은 무엇인가'를 쉽게 확인할 수 있으며, 지금 사고 프로세스 중 어느 단계에 있는지도 재차 확인할 수 있습니다. 분석이라는 행위로 설명하자

면, 초기 단계에는 목적 설정 및 초기가설 수립 등의 과정이
필요합니다. 이러한 단계를 건너뛰고 정보 수집부터 시작하
지 않았는지 등을 점검할 수 있습니다.

Chapter 1
논리적 사고

문제 해결

경영 전략

마케팅

리더십

조직

2. 감정에 휘둘리지 않도록 억제한다

예를 들어 무척 화가 난 사람이 전지적 시점에서 자신을
바라본다면 어떤 느낌일까요? 분명히 '얼마나 싫은 사람으
로 보일까'라는 점을 깨닫고 감정적으로 치우치지 않게 스스
로를 조절하게 될 것입니다.

3. 기술 향상이 쉬워진다

성장이 빠른 사람들에게는 공통점이 있는데, 이것은 바로
자기 자신을 잘 알고 있다는 점입니다. 자신을 객관적으로
바라볼 수 있기에 더욱 어디를 보완해야 하는지 잘 아는 것
이죠.

이밖에도 커리어 디자인(career design, 자신의 인생을 주체적으로
구상 및 설계, 즉 디자인한다는 뜻)이며 정신건강에 좋은 영향을 주
는 등, 자기 객관화에는 장점이 많습니다.

키워드 전지적 시점, 기술 향상, 커리어 디자인

007

하늘, 비, 우산

비즈니스를 진행하려면 눈앞의 사실을 분석하고 관찰하여 자신과 회사에 어떤 의미가 있는지 늘 살펴야 합니다. 특히 '다음 단계로 가기 위한 행동'이 숨어있는지를 추측해 본다면 비즈니스를 추진하는 데 큰 힘이 됩니다.

'하늘, 비, 우산'은 속뜻을 찾는 일이 얼마나 중요한지 경계하는 말로, 컨설팅 회사에서 자주 활용합니다. '하늘이 흐리다'→'오늘은 비가 올 것 같다'→'우산을 가져가야 한다'와 같은 논리 전개로, 이때 중요한 질문은 바로 "그래서 뭐?"입니다.

그림 5에서는 반대로 '하늘이 갰다'라는 사실에 숨어있는 뜻을 찾아봤습니다.

같은 현상을 보고 있어도 당사자의 처지와 경험, 가치관 등에 차이가 있다면, 속뜻도 다르게 풀이됩니다.

비즈니스에서 매출과 이익은 매우 중요합니다. 무모하지 않은 범위에서 긍정적으로 사물을 바라보고 유익한 속뜻을 찾는 일도 필요합니다.

실제로 일을 진행하기에 앞서 추측한 내용을 어느 정도 이해할 수 있는 수준까지는 검증해야 합니다(기본 6 참조). 다시 말해서 근거를 제대로 확인하자는 것입니다.

그림 05 **속뜻 살피기**

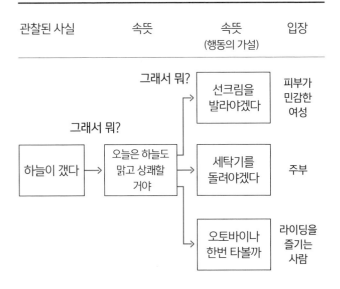

키워드 그래서 뭐?, 속뜻, 행동의 가설

008

궤변과 속임수를 간파해 내는
순발력을 키워라

논점 흐리기가 아닌지 의심하라

기본 1에서 이야기한 바와 같이 논점의 파악은 중요하지만, 세상 사람들 모두가 이를 위해 노력하지는 않습니다. 개중에는 악의를 가지고 논점을 흐려서 상대를 현혹하려는 교활한 사람도 있습니다.

이러한 논점 흐리기에 넘어가면, 본래 얻을 수 있었던 가치와 장점을 눈앞에서 놓치게 되고 맙니다. 이를 늘 염두에 두어야 하며, 전형적인 논점 흐리기 유형도 익히시길 바랍니다.

기본 1에 등장한 요소들을 응용하여 몇 가지 유형을 소개하겠습니다.

· 정의나 전제만 이야기하고 본론에서 일탈한다. (예: 자네는 좋은 회사에서 근무하고 싶다고 하는데, '좋은 회사'의 조건은 무엇인가?)

· 개별론을 논의해야 할 때 일반론으로 내세운다. (예: 물론 우리 아이가 주먹을 휘둘렀습니다만, 아이들은 대개 그런 면이 있지 않습니까?)

· 본론과 인격과 태도, 처지를 혼동한다.

· 본론과 절차에 관한 내용을 혼동한다. (예: 이렇게 중요한 안건을

다수결로 정하는 게 과연 괜찮을까요?)

다음과 같은 유형도 있습니다.

- 중요하지 않은 부분이 정당하다는 이유로 전체를 정당화한다. (예: 법적으로는 문제가 없으므로, 일절 문제가 없다고 생각합니다)
- 상대가 양해를 구한 일과 자신이 저지른 실수를 동급으로 취급하는 도긴개긴 논법 (예: 물론 연락도 없이 크게 늦은 저도 잘못했습니다만, 원래 일정을 바꾼 건 그쪽 사정 때문이었잖아요)
- 상대가 한 말을 정확히 인용하지 않고 논의하는 허수아비 논법 (예: 자네의 말은 입시공부를 찬성한다는 것인데, 그러면 시험을 치르지 않는 과목은 의미가 없다는 뜻이군)

이러한 문장들은 대개 궤변술을 주제로 한 도서에 소개되어 있습니다. 어디까지나 방어 차원에서 이 문장들을 알아두되, 장기적인 신뢰도 차원에서 볼 때, 활용하지 않는 게 현명하겠습니다.

Chapter 1
논리적 사고

문제 해결

경영 전략

마케팅

리더십

조직

키워드 도긴개긴 논법, 허수아비 논법, 궤변

009

인신공격은 비생산적이다.
내용에 집중하라

내용과 인격을 구분하라

어떤 사안을 논의하던 중에 대화 내용과 상대의 사람 됨됨이, 인격을 혼동했던 적은 없습니까? 사물을 논리적으로 사고하고 성과를 남기고 싶다면 내용은 내용, 인격은 인격으로 구분해야 합니다.

특히 적대적인 상대와의 논의에서(예: 예산 경쟁상대와의 교섭 등) 내용이 자신에게 불리하다면, 상대의 인격도 나쁘게 보이기 시작합니다. 그러면 상대의 인격에만 시선이 집중되어 인신공격을 할 우려가 있습니다.

인신공격은 제삼자가 동석했다면 금방 알아차릴 수 있고 논의를 비생산적으로 만듭니다. 결국, 자신에 대한 평가까지 나빠지게 됩니다.

상대가 교활하다면 당신을 일부러 도발하여 인신공격하도록 유도하여 교섭 자리에서는 우월한 위치를 차지하려고 합니다. '초짜'쯤으로 보인 것이죠.

그렇다고 감정적으로 대해서는 안 됩니다. 어디까지나 내용 자체에 집중하여 얻어야 할 결실은 얻어내야 합니다.

상대가 먼저 인신공격해 오면 맞받아칠 정도의 배짱이 있어야 합니다. '저따위로 말하는 사람'이라고 치부해 두는 편이 스스로의 정신건강에도 좋습니다. 기본 6에서 이야기한 대로 전지적 시점으로 상황을 바라보면서 자제하는 강인함이 필요합니다.

MBA 교수의 조언

의사결정 시, 근거 자체에 상대의 사람 됨됨이가 반영되었더라도, 객관적으로 증명된 부분만큼은 근거로 삼아도 됩니다. 프로젝트 리더 선정 자리에서 '그/그녀는 입만 열면 변명을 한다', '감정적이다' 등을 근거로 삼는 사례입니다.

즉, 논의 중에는 어디까지나 차분하게 내용에 집중하는 것이 중요합니다.

키워드 인신공격

패스트 앤 슬로우

인간은 모든 일을 합리적으로 음미하고 사고하지 않습니다. 늘 머리를 많이 써야 하는 데다가, 그럴 시간도 부족하기 때문입니다. 그러다 보니 사람들은 직관적으로 사고하고 반응하게 됩니다.

행동경제학의 일인자로 노벨 경제학상을 수상한 대니얼 카너먼(Daniel Kahneman)*은 인간에게는 두 가지 사고방식이 있다고 지적했습니다. 하나는 빠른(Fast) 사고방식으로 시스템 1이라고 부릅니다. 호불호와 같은 직관적 사고를 말합니다.

반대로 시스템 2라고 부르는, 시스템 1 다음에 천천히(Slow) 오는 합리적 사고방식은 적절히 행동에 옮기면 훨씬 좋은 의사결정으로 이어집니다. 하지만 노력이 필요하다 보니 대부분 사람이 꺼리죠.

문제는 많은 사람이 기대기 쉬운 시스템 1의 직관적 사고는

---

* 이스라엘 출생 심리학자이자 경제학자며, 현재는 프린스턴 대학교 명예교수다. 2002년 노벨 경제학상을 수상했으며, 인지 편향과 행동경제학, 전망이론 등을 연구했다.

편견(사고의 왜곡)에 매우 취약하다는 점입니다.

기본 5의 확증 편향도 그중 하나이며, 기본 97의 상호성과 일관성도 포함됩니다. 그밖에도 널리 알려진 편견은 다음과 같습니다.

- **후광 효과**(Halo effect): 눈에 띄는 한 요소 때문에 전체 인상이 왜곡되며 생기는 편견이다.
- **프레이밍 효과**(Framing effect): 어떻게 보이느냐에 따라 다른 인상을 받으며 생기는 편견이다. (예: 100만 원짜리 제품은 비싸게 느끼지만 '하루에 3천 원'이라고 하면 싸게 느껴진다)
- **점화 효과**(Priming effect): 첫인상에서 벗어나지 못한다.

이러한 편견은 순간적인 의사결정을 그르칠 뿐 아니라, 시스템 2에도 악영향을 끼치므로 시간을 들인 의사결정도 부적절한 방향으로 흘러가게 됩니다.

편견이나 호불호와 같은 감정적 요소는 인간인 이상 피하지 못합니다. 조직에 중요한 의사결정일수록 자신이 함정에 빠진 건 아닌지 검토하는 냉정한 관점이 있어야 합니다.

Chapter 1
논리적 사고

문제 해결

경영 전략

마케팅

리더십

조직

키워드 대니얼 카너먼, 시스템 1, 시스템 2,
후광 효과, 프레이밍 효과, 점화 효과

011

내용을 간추리면
더 많이 전달된다

Keep it Simple!

프레젠테이션이나 영업상담 등에 익숙하지 않은 사람은 자칫 정보를 차고 넘치게 담으려는 경향이 있습니다. 애써 수집한 정보를 묻어두는 것은 아깝다고 생각하는 인간의 성향 때문입니다.

이런 경우는 안타깝게도 대개 역효과를 초래합니다. 인간의 뇌는 많은 정보를 처리할 정도로 정밀하지 않습니다. 이야깃거리가 많을수록 청자는 오히려 혼란스러워합니다.

영어로는 "**Keep It Simple, Stupid**(바보야, 간단히 해)"의 머리글자를 따서 'KISS 원칙'이라고도 합니다.

영어에 "**Less is More**(적을수록 더 좋다)"이라는 표현이 있습니다. 단순화하는 편이 더 많이 전달된다는 소제목과도 일맥상통합니다. 실무적으로 프레젠테이션할 경우 다음의 두 가지 접근법이 있습니다.

· 슬라이드 페이지 수를 줄여라.
· 슬라이드 한 장에 담는 정보량을 줄여라.

결론부터 말하면, 두 가지 다 실천해야 합니다. 필자의 경험에 비추어볼 때, 프레젠테이션이 처음인 사람이 만든 자료는 전체 정보량에서 적어도 절반에서 3분의 1까지 덜어내도 될 정도입니다.

이때 기억해야 할 문장이 '슬라이드 한 장에 메시지 하나'입니다. 슬라이드 한 장에 메시지(해당 슬라이드에서 전하고 싶은 내용)를 하나만 담아야 청자가 정보를 처리하기 쉽습니다.

프레젠테이션은 하고 싶은 말을 있는 대로 다 떠드는 자리가 아니라, 자신이 바라는 대로 상대가 행동하게 만드는 것이 목적입니다. 청자에게 아무런 관심이 없거나 너무 잘 알고 있는 내용을 듣고 있어야 하는 만큼 지루한 자리는 없습니다.

비즈니스 프레젠테이션 자리에서는 상대가 행동에 나서기 위해 필요한 정보만을 알차게 전달하는 데 집중하는 자세가 필수조건입니다.

키워드 KISS 원칙, Less is more, 슬라이드 한 장에 메시지 하나

Chapter

02

문제 해결

바람직한 상황을 만든다

바람직한 상황을 만든다

극단적으로 말해서 비즈니스는 끝없이 치러지는 문제며 과제와의 전쟁입니다. '적당히 하다 보면 원하는 상황이 되겠지'라는 태도는 감나무 밑에서 감이 떨어지기만을 기다리는 아이나 다름없습니다.

'문제'에는 여러 가지 정의가 있지만, 넓은 의미로 본다면 문제는 명확한 트러블, 즉 고객의 클레임, 생산 라인 정지 등만을 의미하는 게 아닙니다.

본래 가져야 할 자세, 즉 바라는 모습과 현재에 차이가 있다면 넓은 의미로 문제가 있는 상태입니다.

작년 영업실적 대비 115퍼센트를 달성할 예정이었으나 107퍼센트에 머물렀다면 문제가 있는 상태입니다.

하지만 문제는 내버려 둔다고 해결되지 않습니다. 우연히 문제가 해결되더라도, 남의 손에 맡겨서 안정적으로 실적을 올리기란 쉽지 않습니다. 재현성도 없으므로 부하 직원 육성에도 도움이 되지 않습니다.

적극적인 문제 해결은 물론 문제를 제대로 정의하기(What), 개선도가 높은 포인트 찾기(Where), 문제를 일으킨 근본적인 원인 찾기(Why), 그리고 적절하게 행동하기(How)와 같은 일련의 과정을 빠르고 효율적으로 진행해야 합니다.

설명하면 이해되는 기본인데도 많은 사람이 잘 모릅니다.
2장에서 소개하는 기본을 문제를 해결하는 데 활용하시기
바랍니다.

문제가 설정되었다면
해결은 간단하다

문제 해결 과정의 첫발은 문제를 제대로 설정하기입니다. 첫 단추를 잘못 끼우면 남은 과정에서 정확히 분석하더라도 문제는 해결되지 않습니다.

이 문장은 표면적인 의미 이상으로 정확한 문제 설정이 얼마나 어려운지 알려줍니다. 문제라는 말은 기업이나 컨설팅 회사에 따라서 과제나 이슈, 논점이라고 부르기도 합니다.

문제 설정이 어려운 예를 하나 소개하겠습니다. 영업부에 소속된 젊은 사원의 영업 실적이 매우 나쁘다고 가정해 봅시다. 이 사원은 의욕도 높지 않고 언제나 무표정입니다. 도대체 뭐가 문제일까요?

표면적으로 보면 영업담당자로서 그/그녀의 실적을 당연한 수준까지 끌어올려야 문제가 해결될 것 같습니다. 하지만 과연 그럴까요?

문제를 설정한다는 것은 곧, 문제가 해결된 후의 '당연한 모습'을 정확히 그려내는 것입니다. 이러한 차이(gap)가 해결해야 할 문제가 되기 때문입니다. 이번 사례에서 과연 그/그녀의 영업실적이 향상된 상태가 바람직한 결과로서 당연한 모습일까요?

다른 시점에서 바라봅시다. 다음과 같은 상태도 당연한 모습의 후보로 생각해 볼 수 있습니다.

- 능력을 발휘하면서 특기 분야에서 활기차게 근무한다.
- 부서 전체에서 목표한 실적 수치를 달성한다.

이 사례에서 알 수 있듯이, 문제는 시각이 바뀌면 해결 방향도 바뀝니다. 관계자가 증가하거나 상황이 복잡해질수록 더욱 그렇습니다. 현실적으로 비즈니스에서 모든 사람이 이해할 만한 문제 설정은 전혀 없다고 봐도 무방합니다.

그렇다고 해서 대충 그만둘 수는 없습니다. 적어도 열쇠를 쥐고 있는 관계자가 수긍할 만한 문제를 설정하는 것이 결국 최대다수의 최대행복이라는 결과를 가져옵니다.

'최대다수의 최대행복'이란 영국의 사상가 제러미 벤담(Jeremy Bentham)이 주장한 도덕적 행위의 가치 기준으로, 가장 많은 사람에게 가장 큰 행복을 주는 행위가 선(善)이라는 뜻입니다.

키워드 당연한 모습, 차이, 최대다수의 최대행복

013

전체를 요소로 분류하여
본질에 다가가라

나눈다는 건 알고 있다는 것이다

타당한 문제 설정 후에는 어디에 문제가 발생하고 있는지(개선도가 높은 지점은 어디인가)를 찾아내기 위해서 "어디에서?"라는 질문을 던져서 분석합니다. 나아가 "왜?"나 "어떻게?"를 검토하여 행동으로 연결합니다.

이때 문제가 막연하다고 자신도 막연하게 바라봐서는 안 됩니다. 적절히 분해하여 문제의 핵심을 특정해야 합니다.

'분해(分解)'라는 말을 여러 번 보니 조합이 매우 흥미롭습니다. 분(分)이라는 글자는 '나누다', 해(解)는 '풀다'를 의미합니다. 선조들은 옛날부터 분해야말로 복잡한 사상의 본질을 이해하는 데 얼마나 중요한 것인지 알고 계셨나 봅니다.

MECE(Mutually Exclusive Collectively Exhaustive의 약자)라는 사고방식은 분해를 효율적으로 만들어 줍니다. 이는 '**누락 없이, 중복 없이**(혹은 누락도 없고 중복도 없음)'라는 뜻입니다.

그림 6을 보면 연상되듯이 MECE 방식으로 분해하면 문제의 핵심이 어디에 있는지 등을 정확하게 분석할 수 있고 파악하기 쉬워집니다.

그림 06 MECE

큰 사각형을 전체라고 가정한다.

MECE
(누락도
중복도 없음)

누락은 없되
중복이 있음

누락은 있되
중복은 없음

누락도 있고
중복도 있음

물론 MECE 개념은 단순하고 평이하지만, 막상 무언가를 MECE 방식으로 분석해 보려고 하면 의외로 어렵습니다. 한 벤처기업이 인사제도 재편을 앞두고 MECE 방식으로 인사제도를 분해하면 어떻게 될까요? 예를 들면 다음과 같습니다.

· 채용
· 근무
· 이동/전근
· 연수/능력개발
· 급여
· 평가/보수

언뜻 보기에 상당히 총망라되어 있습니다. 그러나 잘 살펴보면 '승진/승격', '복리후생', '퇴사' 등의 중요한 요소가 빠져 있습니다. 이래서는 제대로 된 인사 제도를 수립하지도, 전체적인 균형을 확인하지도 못합니다.

최근에는 소비자와 주민을 '남성/여성'으로 나눈다고 해서 MECE라고 하지 않습니다. 이른바 LGBT라고도 하는 성 소수자들이 존재감을 드러내기 시작했기 때문입니다.

서두에서도 언급했듯이, 정확히 나누어야 제대로 이해할 수 있습니다. 막상 실천하려면 쉽지 않다는 점을 기억해 주시길 바랍니다.

MBA 교수의 조언

누락과 중복 중에서도 누락을 최대한으로 줄여야 합니다. 왜냐하면, 중복은 영업 효율이 다소 하락하는 정도의 영향밖에 없지만 무언가를 간과하여 누락이 생기면 간과한 부분을 분해하여 검토하지 못하기 때문입니다.

예를 들어 B to B 기업이 제로 베이스에서 성장기회를 찾고자 잠재고객을 분석할 때 정작 '개인'을 빼놓고 '기업/공공기관/비영리단체(Non Profit Organization, NPO)'로만 나누고 깊이 있게 분류하기란 불가능합니다. 결과적으로 본래 가능했을지도 모르는 B to C 비즈니스의 기회를 잃게 됩니다.

이렇게 누락을 방지하려면 '기타'라는 항목을 추가하는 게 가장 좋습니다. 그러면 이론상 누락은 없어집니다. 하지만 기타의 비율이 몇십 퍼센트나 되는 것도 바람직하지 않습니다. 중요한 요소를 빠짐없이 기록한 다음에 기타 항목을 작성해야 실무에 도움이 됩니다.

키워드 어디에서?, 왜?, 어떻게?, MECE

014

도요타식 문제 해결을
활용하라

'왜'를 다섯 번 반복하라

문제 해결에서 개선 정도가 높은 곳이 특정되었다고 해도 왜 그런 문제가 생겼는지 찾아내지 못하면 적절하게 대응하지 못합니다.

'왜 그런 문제가 발생했는가?'를 끈질기게 다섯 번 반복하여 근본적인 원인(眞因)을 규명하자는 것이 오노 다이이치*씨가 남긴 말입니다. 소제목에는 '왜?'를 다섯 번 반복하여 본질에 이르게 되면 '어떻게?'도 저절로 보이게 된다는 깊은 뜻이 숨어있습니다.

예를 들어 봅시다. 한 제조 라인의 불량률이 높았습니다. 진짜 이유는 뭘까요?

C 라인의 불량률이 높다.

↓ 왜?

---

* 1912~1990, 일본의 기술자이자 경영인이다. 도요타자동차 전 부사장으로, 오랜 세월에 걸쳐 도요타자동차의 JIT(Just In Time) 생산시스템과 간판방식을 확립하여 전 세계에 널리 정착시켰다.

D 기계가 가끔 오작동을 일으킨다.

↓ 왜?

핵심 부품인 E 부품이 마모되어 열화되었다.

↓ 왜?

점검 시, 놓쳤다.

↓ 왜?

마모되었는지 눈으로는 확인되지 않는다.

↓ 왜?

마모되는 부분이 각도 상 잘 보이지 않는다.

이 같은 질문을 통해 'D 기계를 새로 들인다'와 같은 대증요법과 같은 대책이 아니라, '마모가 잘 발견되도록 설계를 고민한다' 혹은 '시각적 점검 외의 수단을 취한다'처럼 더욱 본질적이고 범용적인 대책을 세울 수 있게 됩니다. 생산 현장의 품질을 관리하다가 탄생한 이 방법론은 인과 관계가 시공간적으로 가깝고 알기 쉬울 때 특히 효과적입니다.

같은 방법이더라도 인과 관계가 명료하지 않거나 역사적 경위 등이 복잡하게 얽혀 있을 때는 문제 해결이 쉽지 않다는 점만은 기억해 주시기 바랍니다(예: 여러 국가 간 분쟁 등).

키워드 도요타식 생산시스템, 오노 다이이치,
근본적인 원인, 대증 요법, 인과 관계

가설 검증은 필수적이다

문제 해결에 있어서, 무턱대고 모든 가능성을 조사하는 것만큼 비효율적인 방법도 없습니다.

'이쯤에 개선 정도가 높은 지점이 있을 것 같다', '이것이 더욱 근본적인 원인이 아닐까?'라고 추측하고 하나씩 검토해 가는 방법은 더뎌 보이지만 결과적으로 문제 해결의 속도를 높여 줍니다.

이러한 '추측'이라는 행동은 가설을 세운다는 뜻입니다. 가설이란 다른 말로 표현하면 '가짜 정답'입니다. 가짜 정답을 상정하고 타당한가를 검토하면서 앞으로 나아가자는 것이 가설 검증의 정신입니다.

만일 리서치나 실험 등을 통해 검증한 결과, 가설이 증명되면 가설을 바탕으로 문제를 깊이 파고들거나 살을 붙여서 더욱 구체적인 가설을 세웁니다. 반대로 검증 결과, 가설이 부정되면 해당 가설은 버리거나 수정하여 다시 검증합니다.

가설 검증은 문제 해결을 생업으로 하는 컨설팅 회사에서는 표준적인 사고방법입니다.

그림 07 **가설의 진화**

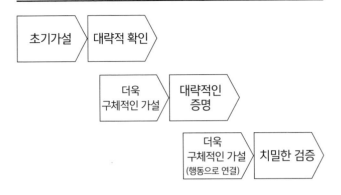

　　오랫동안 최고 경영자로서 자부심을 품고 세븐일레븐 재팬을 일반기업에서 초우량 기업으로 키워 낸 스즈키 도시후미는 가설 검증을 조직의 DNA이자 기본 기술로 삼아 갈고 닦았습니다. 그 이후 경쟁 기업을 압도하는 수익성과 성장을 이뤄낼 수 있었습니다.

　　그 바탕에는 '이와 같은 요구가 있어서 이러한 제품이 팔리는 게 아닐까?'라는 가설을 세우고 실제 포스(POS, 판매 시점 정보관리) 데이터 등을 이용하여 초고속으로 검증 및 조사해내는 힘이 있었습니다.

키워드 가설 검증, 리서치, 세븐일레븐, 스즈키 도시후미

퀵 앤 더티

가설을 검증하는 체제가 마련되었다고 해도, 검증하는 데 시간을 많이 들인다면 속도가 생명인 비즈니스 현장에서 뒤처지기 마련입니다.

100퍼센트의 품질을 추구하기보다 70퍼센트에서 90퍼센트까지 검증되었다는 확신이 들면 진행한다는 사고방식이 필요합니다. 이것이 '퀵 앤 더티(Quick and Dirty, 다소 조잡하더라도 빠르게)'가 의미하는 바입니다.

필자 역시 경험한 적이 있는데요, 가설 검증이라는 작업은 어느 정도 익숙해지면 20-80 법칙을 따르게 되어있습니다. 만일 100퍼센트의 품질을 검증하는 데 100이라는 시간과 노력이 필요하다면, 그 20퍼센트의 시간과 노력을 들이면 80퍼센트의 질은 검증할 수 있게 됩니다.

관점을 바꿔서, 80퍼센트 검증된 품질을 100퍼센트까지 높이려면 그때까지 들인 시간과 노력의 다섯 배가 필요합니다.

비즈니스에서 검증은 미래(이 제품은 내년 이후에 팔릴 것인가 등)를 다루는 경우가 많으므로 '꼭 이렇게 된다'라는 수준까지 검증하기란 불가능합니다. 100퍼센트 품질이라고 해도 '그렇게 될 가능성이 크다'라는 정도로 이야기할 수 있을 뿐입니다.

그래서 더욱 검증의 질을 올리기보다 속도를 중시하여 전진하는 데 의의가 있습니다.

벤처 비즈니스에서는 린스타트업(Lean Startup)*이며 피봇이라는 말이 크게 유행하고 있습니다. 요점만 간추리자면, 이른 단계부터 시장에서 가설을 검증하고 필요할 때마다 방향을 전환한다는 발상입니다. 어쩌면 퀵 앤 더티 정신은 시대가 원하는 것일지도 모릅니다.

논리적 사고

Chapter 2
문제 해결

경영 전략

마케팅

리더십

조직

키워드 20-80 법칙, 린스타트업, 피봇

---

* 미국의 벤처기업가 에릭 리스(Eric Ries)가 창안한 개념으로, 도요타자동차의 린 제조방식을 본뜬 것이다. 즉, 단기간에 제품을 만들고 성과를 측정해 제품 개선에 반영하는 것을 반복하며 시장에서의 성공 확률을 높이는 경영 전략의 일종이다.

017

상식에 연연하지 말고 유연하게 사고하면,
생각지도 못한 아이디어가 떠오른다

제3의 길이 있다

일하다가 막다른 골목에 서게 되면 무의식적으로 선택지를 좁혀서 사고하는 일이 많습니다. '햄릿'의 유명한 대사, "죽느냐, 사느냐 그것이 문제로다!"도 이와 같은 상황에서 나온 말이 아닐까요?

냉정하고 객관적으로 생각하면 눈앞에 보이지 않는 방법도 발견할 수 있습니다. 그런데 사람들은 한 번 머릿속에 테두리가 생기면 그것을 벗어나서 사고하기를 어려워합니다. '제3의 길이 있다'라는 말은 이러한 사고의 함정에 빠지지 않고 머리를 유연하게 만들어 전혀 다른 방법론을 생각해 내자는 것입니다.

일본의 소설가 시로야마 사부로는 '제3의 길이 있다'라고 했는데요, 시로야마 작가는 수필집에서 센코쿠 시대의 전설적인 무역상인 루손 스케자에몬을 다뤘습니다. 당시는 최고 권력자였던 도요토미 히데요시의 눈 밖에 나면 굴복하든가 죽음을 택해야 하는 시대였습니다. 상인이자 다인이었던 센리큐도 히데요시의 노여움을 사는 바람에 자결을 선택했을 정도입니다.

그러나 스케자에몬은 달랐습니다. 굴복이며 자결 대신 일본을 벗어나자는, 당시로서는 그야말로 상식의 테두리를 벗어났습니다. 영어로 하면 'Out of Box'라는 제3의 길을 발견해낸 것이죠.

위의 사례에서도 알 수 있듯이, 자신이 암묵적으로 깔아둔 전제와 상식에 대한 의심은 가장 효과적으로 제3의 길을 발견하는 방법입니다.

예를 들어 웨딩 관련 기업에서 신규 사업을 고민하는 사람이라면 다음과 같은 결혼식의 상식을 의심해 봅시다. 그러면 새로운 비즈니스 기회가 발견될지도 모릅니다. 여러분도 꼭 한 번 찾아보시기 바랍니다.

- 신랑 신부는 함께 있어야만 한다.
- 식장에 모두가 모여있어야 한다.
- 신혼 시절에 해야 한다.
- 해외 결혼식은 비용이 많이 든다.
- 비용은 주최 측과 참가자가 부담한다.

논리적 사고

Chapter 2
문제 해결

경영 전략

마케팅

리더십

조직

키워드 상식을 의심하라, Out of Box, 암묵적 전제

Chapter

03

경영 전략

좋은 전략 없이
장기적인 번영은 없다

좋은 전략 없이
장기적인 번영은 없다

기업의 목적은 한마디로 사회에 가치를 제공하면서 번영하는 것입니다. 주식을 공개한 기업이라면 기업가치 최대화 추구라는 조건이 수반됩니다. 말로 하기엔 간단하지만, 실현하기란 쉽지 않습니다.

한때 일본 최대의 소매업체였던 다이에*는 경영환경 변화 속에 효과적인 대책을 세우지 못하고 매각되어 마침내 이름마저 사라지게 되었습니다.

또 미국에서는 필름 시장 내 점유율이 90퍼센트나 되는 등 압도적인 포지션과 높은 수익성을 실현하던 코닥(Kodak)도 디지털화 물결에 대응하지 못하고 연방파산법 11조 적용을 신청하는 지경에 이르고 말았습니다.

벤처기업은 물론 대기업도 방향성과 시책을 잘못 선택하면 시장에서 퇴출당하는 것이 경영의 어려움입니다.

특히 최근에는 IT 기술의 발전과 급격한 글로벌화 진행 등 경영 환경의 변화속도는 더욱 빨라지고 있습니다. 세계를 상대

---

* 주식회사 다이에는 종합 슈퍼마켓(GMS)와 슈퍼마켓(SM)을 전국 체인점으로 운영하던 회사였으나, 버블경제 붕괴 후인 1990년대부터 경영 부진에 빠졌고 이온그룹의 공개주식매수를 거쳐 2015년 이온그룹의 완전 자회사가 되었다.

로 경쟁해야 하는 탓에 지금까지와 차원이 다른 경쟁을 강요하는 사례도 증가하고 있습니다.

이런 때일수록 '올바른 전략'이야말로 난관을 헤쳐가는 열쇠가 됩니다. 경영 환경을 직시하고 효과적인 전략을 세워서 실행에 옮기는 기업만이 승리의 깃발을 거머쥐게 됩니다.

좋은 전략을 구상하기란 쉬운 일이 아닙니다. 하지만 몇몇 포인트만 익혀도 전략의 유효성은 크게 달라집니다.

● 기본

018 효과적인 전략을 세워라

전략 없는 전술은 패배 전의 소동이다

이 문장은 거시적 관점에서의 전략(Strategy)과 미시적 관점에서의 전술(Tactics)을 균형 있게 실현하라고 주장하고 있습니다. 원문은 기원전 중국의 무장 손자(孫子)까지 거슬러 올라갑니다.

본디 전략과 전술은 전쟁 용어였습니다. 20세기에 들어서면서 비즈니스에도 도입되어 경영 전략으로 불리게 된 것입니다.

전술은 확고하지만, 전략이 결핍된 기업이 있다면 어떻게 될까요?

그림 08 **전략과 전술**

전략	전술
· 대국적 · 목적, 방침 · 시간축이 길다	· 국소적 · 수단 · 시간축이 짧다

아마도 부분 최적은 완성되었을지 몰라도 기업으로서 종합적인 경쟁력은 갖추지 못할 것입니다. 추진력이 여기저기 흩어져 있으면 경영 자원을 낭비할 뿐이므로 장기전에 취약해집니다.

거꾸로 그랜드 디자인(Grand design, 대규모 사업 등 장대한 계획)으로서의 전략은 훌륭하지만, 국지전에서의 전투방법은 현장에 맡긴다거나 실제 전투력이 약하다면 어떻게 될까요? 경영 자원의 낭비는 막았을지 몰라도 전투에서는 이기지 못합니다.

우선 경영 자원을 효과적으로 활용하여 끝까지 살아남는 전략(그랜드 디자인)을 세우고 실행 면에서 국지전에 이길 수 있는 시책을 철저히 세워야 합니다.

다시 말하면, 최고 경영자의 전략이 정확하게 조직에 공유되고 모두가 전략적으로 사고한다면 저절로 미시적인 전술도 습득된다는 것입니다.

다만 현장에서 세운 전술이 적중했다고 해서 전략도 뛰어나다는 법은 없습니다. 전략과 전술 모두 중요하지만, 무엇보다도 효과적인 전략을 꼼꼼히 세우는 일이 먼저입니다.

논리적 사고

문제 해결

Chapter 3
경영 전략

마케팅

리더십

조직

키워드 전략, 전술, 손자, 부분 최적

019

중요한 것은 무엇을 하느냐가 아니라, 무엇을 안 하느냐다

전략이라고 하면 성장 전략을 먼저 떠올리는 분이 많을 겁니다. 즉, '무엇을 할까'라는 식의 논의입니다. 그러나 '지금부터 나중 일은 생각하지 않는다'라고 명확히 선을 긋는 일이 더 중요합니다. 경영 자원론의 대가 마이클 포터(Michael Eugene Porter) 교수의 말입니다.

왜 이러한 의사결정이 필요하냐면 경영 자원, 즉 사람, 물건, 돈, 정보, 네트워크 등은 한정되어 있기 때문입니다.

예를 들어 현재 글로비스(주로 경영과 관련된 교육 및 출판 등의 사업을 운영하는 기업)는 교육비즈니스 면에서 경영학 교육에 특화되어 있습니다. 마케팅이며 클래스 오퍼레이션 비법도 연마했고, 영어와 중국어가 모국어인 스태프도 많아서 외국어 회화 수업도 개강할 수 있습니다.

다만 '마음만 먹으면 할 수 있다'와 '실제로 해당 사업 분야에서 살아남는다'는 별개의 문제입니다. 막상 외국어 회화교육 비즈니스를 시작하게 되면, 일부 기법을 적용하더라도 그때까지 몰랐던 방법도 익히고 새로운 인재도 채용해야 합니다.

또 기존사업에서 경영 자원을 빌려와야 하는데, 그러면 기존사업의 경영 자원이 부족해질지도 모릅니다. 이러한 이유로 당장은 외국어 회화교육 사업에 나서지 않는 겁니다.

반면에 대다수의 기업은 이 같이 '무엇을 안 할지를 정한다'에 취약합니다. 지금은 '선택과 집중'이라는 말이 침투해 있지만, 일본 기업들의 사업 재편은 어중간하여 처음부터 손을 대지 말아야 할 사업을 너무 많이 끌어안고 있다는 연구 결과도 있습니다. 설령 사업 재편에 성공했더라도 시간이 지나치게 걸린다는 지적도 있습니다.

인구 감소에 접어든 상황에 비추어 볼 때, 계속 이렇게 경영하다가는 국제 경쟁력이 더욱 추락하게 됩니다. 지금은 다시 한번 **'무엇을 하지 말아야 할 것인가'**를 명확히 결정할 때입니다.

논리적 사고

문제 해결

Chapter 3
경영 전략

마케팅

리더십

조직

키워드 마이클 포터, 선택과 집중, 사업 재편

경쟁이야말로 최악의 전략이다

경영 자원의 낭비 없이 번영하려면 경쟁을 잘 회피할 수 있는지를 검토해야만 합니다.

'전략'이라는 단어를 분해하면, '싸움(戰)을 간략히(略) 하다'로 풀이됩니다. 이 말은 손자가 살았던 시대에 탄생했는데, 이미 그때부터 어떤 방법으로든 정면승부를 피하는 것이 바람직한 결과를 가져온다고 생각했던 모양입니다.

정면승부가 기업의 수익성을 악화시킨 예로는 야마다전기(Yamada-Denki)가 주도한 가전양판점 업계의 가격경쟁을 들 수 있습니다.

가전양판점은 제품 자체로 차별화하기 어려우므로 가격경쟁에 내몰리기 쉽습니다. 물론 최근 1년 동안 야마다 전기 스스로 지나친 가격경쟁을 자제했기에 과당경쟁은 수습 국면에 들어섰지만, 수년간에 걸친 소모전은 가전양판점뿐 아니라 제조사 경영에도 큰 손해를 끼쳤습니다.

그렇다면 정면승부를 피할 수 있는 구체적인 방법에는 무엇이 있을까요?

1. 시장 내 거점 분리

흔히 말하는 틈새(niche)전략입니다. 즉, 시장 한 곳에 특화하여 국소적으로 1등, 나아가 유일한 존재를 목표로 경쟁력을 유지하는 방법입니다.

2. 차별화

경쟁사가 A라는 지점을 소구한다면 우리 회사는 B라는 다른 포인트를 소구하는 것입니다. '고객의 머릿속에서 거점 분리'라고나 할까요?

3. '게임의 룰'을 바꾸기

물론 쉬운 일은 아닙니다만, 성공한다면 매우 큰 이익을 얻게 됩니다. 가능한 한 검토하시길 바랍니다(기본 23 참조).

어떻게든 **'이길 수 있는 싸움에서 이긴다'**는 발상 자체가 중요합니다.

논리적 사고

문제 해결

Chapter 3
경영 전략

마케팅

리더십

조직

키워드 시장 내 거점 분리, 차별화, 게임의 룰, 이길 수 있는 싸움

021

비매력적인 시장에서
돈 벌기란 어렵다

돈 벌기 힘든 업계에서 아무리 노력한들 이익을 창출하기란 쉽지 않습니다. 거꾸로 누구나 쉽게 돈 버는 곳이라면 힘들여 고생하지 않아도 일정한 이익이 따라옵니다.

어떻게 싸울 것인가(How)보다 진입하려는 시장이나 업계 (Where)를 신중하게 선택하는 편이 더 중요한 경우가 많습니다.

컴퓨터 조립 시장은 이익이 나지 않는 대표적인 시장이기도 합니다. 사실, 이 업계는 중앙처리장치(CPU)로 대표되는 부품만 있으면 누구라도 쉽게 조립할 수 있기 때문입니다. 또 최종제품 만으로는 차별화되지 않으므로 가격을 높이 설정하기도 여의 치 않습니다. 최근에는 스마트폰 때문에 뒷전으로 밀려서 시장 자체가 정체 상태인 등 조건도 호의적이지 않습니다.

IBM 호환기(조립식 구조의 컴퓨터)를 개발해 낸 IBM조차 오래 전에 컴퓨터 조립사업에서 철수했습니다. 소니(Sony)도 2014년 '바이오(VAIO)'에서 손을 뗐습니다. 남아 있는 유명 제조사들도 낮은 이익률을 감수하고 있습니다.

반면에 제약업계는 돈 벌기 쉬운 업계입니다. 규제도 강하고 개발투자에도 거금이 소요되므로 아무나 함부로 진입하지 못하기 때문입니다. 더구나 인구의 고령화가 진행 중이라서 제약회사의 시장 전망도 나쁘지 않습니다. 일단 개발에 성공하면 개발원가가 거의 회수될 정도로 막대한 이익을 거둡니다. 경기변동에도 휘둘리지 않고 업계 중위 수준이라도 컴퓨터 조립사업에 비하면 훨씬 이익률이 높습니다.

논리적 사고

문제 해결

Chapter 3
경영 전략

마케팅

리더십

조직

MBA 교수의 조언

구체적으로 업계의 매력도를 알기 위해서는 적어도 다음의 세 가지 포인트는 파악해야 합니다.

· 시장 규모
· 성장성
· 이익 창출의 용이성

마지막의 이익 창출 용이성은 마이클 포터 교수의 '5가지 경쟁요인(Five Force Model)'을 활용하면 판단하기 쉽습니다. '구매자의 교섭력', '판매자의 교섭력', '업계 내 경쟁', '신규진입의 위협', '대체품의 위협'이라는 다섯 요소를 살펴보고 해당 업계에서 이익을 축적하기 쉬운지를 판단할 수 있습니다.

키워드 시장 규모, 성장성, 5가지 경쟁요인

022

레드오션은
피하라

성장 분야는 혼잡한 분야다

시장의 매력도를 평가하는 요소로서 시장 규모의 크기, 높은 성장률 등은 매우 중요합니다. 그러나 여기에는 커다란 함정이 숨어있습니다. 모두가 같은 시장에 쇄도하면 순식간에 레드오션(Red Ocean, 경쟁이 매우 치열한 특정 산업 내의 기존 시장)이 된다는 점입니다.

그러면 차츰 '돈 벌기 힘든 시장'으로 변합니다. 특히 경쟁사 제품과 가격, 물량 외에는 차별화할 항목이 없게 됩니다. 이런 시장에 안이하게 진입하여 소모전에 빠지지 않도록 주의하자는 것이 소제목의 뜻입니다.

예를 들어 안드로이드 계열 스마트폰은 최근 수년간 높은 이익률을 유지했지만, 업계 최고라는 삼성조차 수익성이 하락하는 등 급격히 레드오션화되고 있습니다.

하지만 대부분 기업은 성장률이 높은 시장에 마음이 약해지는 법입니다. 진입장벽이 낮거나 자사의 경영 자원을 활용할 수 있으면 일단 진입하자는 결정을 내리기 쉽습니다.

이러한 함정을 회피하는 데 효과적인 방법은 **'시장의 매력**

도×경쟁 우위 구축 가능성' 매트릭스를 통해 확인하는 것입니다.

이는 신규 사업 기회를 평가할 때에도 시장의 매력도뿐 아니라 중기적으로 시장에서의 생존 가능성 유무도 함께 검토해 줍니다. 성장 분야만큼 경쟁자가 많고 살아남기 어려운 곳은 없다는 비즈니스의 기본을 꼭 기억해 두시길 바랍니다.

논리적 사고

문제 해결

Chapter 3
경영 전략

마케팅

리더십

조직

MBA 교수의 조언

레드오션에서 소모전을 회피하는 전략으로 '블루오션 전략'을 꼽을 수 있습니다. 블루오션 전략은 경쟁이 없는 시장의 개척을 주안점으로 삼고 있습니다. 나아가 차별화 축을 만들어 내거나 새로운 차별화 조합을 고안하는 등 독자성 표출과 함께 저비용 추구가 성공으로 가는 지름길이라고들 합니다. 그야말로 기본 20에서 이야기한 '싸움 회피'라는 발상의 실현이라고 할 수 있습니다.

대표적인 사례로는 커트에만 집중하여 천 엔이라는 낮은 가격을 실현한 커트 전문점 QB하우스(큐비네트)가 있습니다.

키워드 레드오션, 블루오션,
시장의 매력도×경쟁 우위 구축 가능성 매트릭스

023

룰 메이커가 가장
높은 이익을 향유한다

게임의 룰을 만들어라

전략론에서는 무엇을 해야 살아남는가를 '게임의 룰'이라는 말로 표현합니다. 규칙을 자신의 사정에 맞게 창조해 내거나 선행자가 있다면 다시 만드는, 즉 게임 체인저가 되어야 효율적으로 승리를 거머쥘 수 있습니다.

일례로 손목시계 제조판매 사업은 1980년대까지 '시간의 정확도'라는 기술을 가성비 높게 개발해 내는 것이 승리를 위한 게임의 룰이자 핵심성공요인(Key Success Factor, KSF)이었습니다.

승리의 여신은 세이코(Seiko)의 손을 들어주었습니다. 세이코는 쿼츠(Quartz) 경량화 등에 파고들어 시장에서 1등이 되었습니다. 그러나 세이코의 천하 제패도 오래가지 않았습니다.

스와치(Swatch)가 '패션성'과 '기분에 따라 시계를 골라 찬다'라는 새로운 게임 룰을 만들어 냈기 때문입니다. 시간의 정확성은 당연한 기술이 되었고 나아가 멋지면서도 저렴한 가격으로 많이 구매할 수 있게 유도해야 했습니다.

컴퓨터업계에서는 마이크로소프트(Microsoft)가 MS-DOS (Windows 이전의 OS)를 IBM 호환기의 표준 OS로 삼고 소프트하우스(Softhouse)가 이를 전제로 애플리케이션을 개발하도록 유도하는 게임의 룰을 만듦으로써 업계에서 압도적인 포지션을 구축하게 되었습니다.

MBA 교수의 조언

일본은 게임의 룰을 만들거나 바꾸는 데 취약하다고 알려져 있습니다. 스포츠 분야에서도 마찬가지인데 반대로 서구권에서는 자신들에게 유리하게 룰을 변경하는 경향이 있습니다.

80년대부터 90년대까지 F1계를 석권하면서도 유럽이 주도한 룰을 변경하지 못해 힘들어 하던 혼다(Honda)나 '유도' 룰의 변경에 고전을 면치 못하는 일본의 유도계 역시 이러한 약점을 잘 드러내고 있습니다.

어떻게 해야 게임의 룰을 자신에게 유리하게 만드는가는 모두에게 주어진 중대한 과제입니다.

키워드 게임 체인저, 핵심성공요인

024

압도적으로 승리하려면
트레이드오프를 타파하라

OR이 아니라 AND를
목표로 삼아라

사물에는 통상적으로 '이쪽이 올라가면 저쪽이 내려가는' 트레이드오프(trade off), 즉 이율배반적 관계가 존재하는 법입니다. 품질과 짧은 납기 같은 사례는 사실상 양립시키기 어렵습니다.

전략론에서 트레이드오프 관계는 마이클 포터 교수가 제창한 코스트 리더십 전략(저비용으로 승리하는 전략)과 차별화 전략(고객에게 가치를 인식시켜 고가격을 실현하는 전략)을 예로 들 수 있습니다. 포터 교수는 명확하게 어느 한쪽에 축을 두라고 주장합니다. 즉, 비용을 낮추면서도 높은 가격을 실현하기란 어렵다는 뜻입니다.

소제목은 포터 교수의 말에 이의를 주장하는 경영학자 게리 하멜(Gary Hamel)*이 한 말입니다. 하멜은 어설프게 절충하려고 타협하기보다 이율배반적 관계를 타파할 수 있는 아이디어로 두 요소를 고차원적으로 실현해야 한다고 주장했습니다.

물론 쉬운 일은 아니겠지만, 실제로 양립하는 기업도 있습니

---

* 1954년에 출생하여 대학교수, 작가에 이어 현재 세계적인 경영 전략가다. 1983년부터 런던 경영대학원에서 전략 및 국제경영 담당 교수로 재직 중이다.

논리적 사고

문제 해결

Chapter 3
경영 전략

마케팅

리더십

조직

다. 도요타자동차는 규모의 경제와 린 생산(lean manufacturing, lean product system, LPS)** 으로 저비용을 실현하여 안전성과 연비, 서비스 등 경쟁사를 웃도는 가치를 제공하고 있습니다. 삼성의 디램(DRAM)도 마찬가지입니다. 규모 면에서 압도적으로 낮은 비용을 실현하면서도 연구개발에 적극적으로 투자한 결과, 신세대 제품을 가장 빠르게 시장에 도입할 수 있었고 가격 면에서 프리미엄을 누리고 있습니다. 동시에 평균 가격도 높이 실현되고 있습니다.

　도요타와 삼성도 'AND'를 만족시켜서 해당 업계에서 절대적인 위치를 구축한 것입니다.

그림 09　'OR'에서 'AND' 발상으로

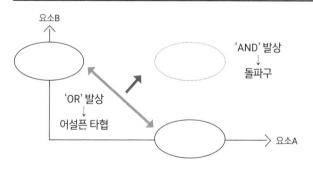

| 키워드 | 트레이드오프, 코스트 리더십 전략, 차별화 전략, 게리 하멜, 돌파구 |

** 인력, 생산설비 등 생산능력을 필요한 만큼만 유지하면서 생산효율을 극대화하는 생산 시스템을 말한다.

모범 실무에 해답은 없다

모범 실무(Best Practice)란 결과를 얻는 데 가장 효율적인 기법이나 과정, 활동을 의미합니다. 대개는 타사의 연구를 통해 얻어집니다. 관련 용어로는 벤치마킹이 있죠. 이 역시 타사의 우수사례에서 참고할 만한 점을 배우고 자사의 활동에 도입하는 것입니다.

다수의 기업에서 활용하는 모범 실무나 벤치마킹은 실제로도 좋은 성과를 남기고 있습니다. 그러나 안이하게 의지하다가는 흉내에 그칠 뿐 개성적인 가치제공이나 독특한 비즈니스 모델로는 연결되지 않습니다. 그래서 '모범 실무에 해답은 없다'라고 하는 것입니다. 다음과 같은 약점 때문이죠.

1. 미래지향적이지 않다

모범 실무가 아무리 뛰어난들 과거의 방법론일 뿐입니다. 안이하게 이것에 의지하면 어설프고 단기적인 결과가 뒤따르는 탓에 미래의 변화에 대응하는 속성이 약해져서 조직의 사고력을 빼앗길 우려가 있습니다.

2. 자사의 강점을 약화시킬 가능성이 있다

어떤 기업이든 그 회사만의 강점이 있습니다. 여기에는 눈에 보이는 공장과 같은 유형 자산뿐 아니라 '보이지 않는 자산'도 포함됩니다. 이타미 히로유키('인본주의 경영'을 주장하는 대표적인 경영학자) 등이 제창한 개념인 보이지 않는 자산에는 비결이며 고객 정보 축적, 브랜드, 프로세스 등이 해당합니다. 또 이와 연동한 조직 문화와 행동규범 등도 포함됩니다. 무턱대고 타사의 방법을 모방하다가는 본래의 강점과 부정합을 일으키기도 하고 자사의 강점을 활용하려는 집념을 잃게 만들어서 자칫 강점 자체가 약화되기도 합니다.

그렇다고 모범 실무에 전혀 도움이 되지 않는다는 뜻은 아닙니다. 세세한 순서나 방법론이라는 면에서 활용하면 효과적입니다.

다만, 이것만으로는 미래를 이겨내기 위한 기개 있는 전략과 비즈니스 모델은 절대 탄생하지 않습니다. 자사의 흐름을 제대로 파악하고 미래를 바라보며 자사만의 '해답'을 끈질기게 찾아내는 일이 중요합니다.

키워드 벤치마킹, 자사의 강점, 이타미 히로유키, 보이지 않는 자산

논리적 사고

문제 해결

Chapter 3
경영 전략

마케팅

리더십

조직

026 실행하고 싶어지는 전략이어야
실행으로 이어진다

전략은 내외부를 모두
만족시켜야 한다

전략은 종이에 적는다고 실현되는 게 아닙니다. 실행은 종사자가 합니다. 종사자 대부분이 '이 전략은 실행하고 싶지 않다'라고 생각한다면 그 전략은 실행되지 않습니다.

즉, 전략은 대외적인 관점(시장과 고객, 경쟁사 등)에서 봤을 때 효과적이어야 하고 사내 관점(종사자의 기술, 의욕 등)에서 실현 가능해야 합니다.

외부에서는 어느 정도 적중했던 전략이 사내 저항으로 실현되지 못한 사례가 있는데, 한 자원 제조업체의 공장 터를 활용한 온천 사업입니다.

물론 이 회사는 온천 사업과 동떨어져 있으나, 이른바 분산형 사업 차원에서 적절한 시책을 세워 가동률만 높이면 충분히 이익을 얻을 수 있는 사업이었습니다. 운영 기법 등은 헤드헌터를 통해 획득할 수 있었으니까요.

그러나 예전부터 '좋은 물건을 만들어서 파는 것이 존재 가치다'라는 철저한 이념 아래에 일본 산업을 지탱해 왔다는 자부심이 강했던 제조업체가 온천과 같은 서비스업으로의 전환을 선언하자, 저항감은 거셀 수밖에 없었습니다. 결국, 계획 도중에 좌절하고 말았습니다.

종사자에게도 '할 수 있다', '하고 싶다'라는 마음이 들 정도의 비전과 전략을 그려야 합니다.

MBA 교수의 조언

실제로 회사 내부를 움직이려면 다음의 세 가지를 깊이 인식해야 합니다.

1. '모른다'면 '알게' 만들어라

전략을 철저히 주지시킨다.

2. '할 수 없다'면 '할 수 있게' 만들어라

능력개발, 외부 인재 영입 등을 실천한다. 또 물리적인 장애물을 제거한다.

3. '하고 싶지 않다'면 '하고 싶게' 만들어라

'하는 편이 이득'이라고 설득한다. 또 적절한 인센티브를 제공한다. 나아가 저항세력을 회유하거나 배제하는 등 반대파를 줄인다.

키워드 능력개발, 인센티브, 저항세력

027

강해서 살아남는 게 아니라,
적응하니까 살아남는 것이다

이 말은 다윈의 진화론을 반영하고 있습니다. 단순히 '강인함'을 지적하는 말이 아닙니다. 중생대 공룡은 매우 강한 동물이었지만 급격한 기후변동 등에 대응하지 못하고 아주 짧은 시간에 멸종하였습니다.

반면에 바퀴벌레는 강한 동물은 아니지만, 3억 년 전부터 생존하고 있습니다. 모든 환경 변화에 적응하며 진화하여 현대까지 살아남을 수 있었습니다.

기업도 마찬가지입니다. 아무리 규모가 크고 일차적인 경쟁우위를 달성했어도 환경에 적응하지 못하면 사라지게 됩니다. 미국의 비디오 · DVD 대여점으로 최대 규모를 자랑했던 블록버스터는 온라인 DVD 대여, 심지어 스트리밍 서비스로 비즈니스 모델을 진화시킨 넷플릭스와 같은 기업의 등장으로 점점 가치가 사라져서 파산하고 말았습니다.

최근 연구에서는 기업이 한 분야에서 경쟁 우위를 지속할 수 있는 기간은 일반적인 생각 이상으로 짧다는 것을 시사하고 있습니다.

즉, 지금은 압도적 우위를 차지했어도 환경에 적응하지 못하면 시장에서 존재감을 잃게 됩니다.

이 때문에 **변화야말로 일상**이며, 늘 환경 변화에 맞춰서 (혹은 앞서서) 변화하기를 두려워하지 않는 기업의 모습을 당연하게 여기게 되었습니다.

이를 실행하려는 곳이 GE, 제너럴 일렉트릭사(General Electric Company)입니다. GE는 원래 기업 인수 합병(M&A)으로 몸집을 불린 회사지만, 최근에 플라스틱 부문, 방송 부문 (National Broadcasting Company, NBC), 금융 부문(GE캐피털) 등 주요 사업을 차례로 매각하고, 사업 포트폴리오를 기간사업 중심으로 크게 재편했습니다.

동시에 IT(특히 IoT, 사물인터넷)를 전략의 축으로 삼고 사람들의 기술이며 행동규범까지도 철저히 바꾸려고 시도 중입니다. 수십조 원대를 자랑하는 대기업치고는 매우 대담한 행동이 아닐 수 없습니다. 여러 기업에도 크게 참고가 될 것입니다.

논리적 사고

문제 해결

Chapter 3
경영 전략

마케팅

리더십

조직

키워드 진화, 변화의 일상화, GE, 사업 포트폴리오

뛰어난 경영은 대기업을
쇠퇴시키는 요인이다

엄밀히 말하면, 경영을 잘하는 대기업이 모두 쇠퇴한다는 뜻은 아닙니다.

몇몇 대기업이 쇠퇴한 이유를 찾아보니, 경영이 부적절했다기보다 오히려 우직하게 고객의 기대에 부응하려는 노력이 기업쇠퇴의 원인이 되었다는 뜻입니다. 대단한 역설이 아닐 수 없습니다.

이 문장은 클레이튼 크리스텐슨(Clayton M. Christensen) 교수의 저서 《혁신의 딜레마(The innovator's Dilemma)》에서 발췌했습니다. 혁신의 딜레마란 대기업이 새로운 혁신에 대항해 내지 못하고 시장을 빼앗긴 상황을 의미하는데, 대표적인 사례로는 오피스 컴퓨터 시장이 개인용 컴퓨터로 대체된 경우를 들 수 있습니다. 이런 상황이 벌어지는 과정은 다음과 같습니다.

1. 우량고객에 대한 집중과 파괴적 기술의 등장

우량기업은 고객, 특히 선진적인 고객의 의견을 경청하고 그들이 바라는 제품과 서비스를 개발하여 제공하고 서비스 개선

그림 10 혁신의 딜레마

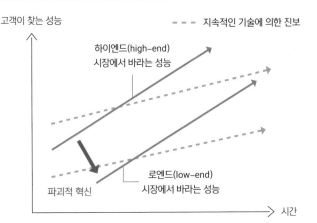

출처: 클레이튼 크리스텐슨 《혁신의 딜레마》

논리적 사고

문제 해결

Chapter 3
경영 전략

마케팅

리더십

조직

을 위해 신기술에 적극적으로 투자합니다. 이로써 우량기업
은 성장합니다.

그런데 때때로 로엔드식 파괴적 기술이 출현합니다. 실제
로 비용은 저렴하지만, 성능은 떨어지는 기술입니다.

2. 파괴적 기술에 대한 저평가와 침식

주류고객은 성능이 좋은 기술을 높이 평가하므로 파괴적
기술은 처음부터 무시합니다. 주류고객을 상대하는 우량기
업도 마찬가지입니다. 우량기업 역시, 시작부터 이익률도 저
조한 파괴적인 기술을 채용할 동기가 없기 때문입니다.

그러나 이런 기술을 선호하는 로엔드 고객은 어느 정도

존재하므로 점차 일정한 지위를 차지하게 됩니다.

3. 정신 차리고 보니……

기술 진보 속도는 고객이 바라는 성능의 향상 속도를 앞서는 경우가 많습니다. 그 결과 우량고객용 기술은 사양이 지나치게 높아지게 됩니다.

반면에 파괴적 기술은 주류시장의 중심에서 활약하며 경쟁력과 시장 점유율을 차지하게 됩니다. 기존의 기술진화로 성장해 온 우량기업이 파괴적 기술의 위협을 알아차렸을 때는 이미 버스는 떠난 후입니다.

기업이 고객의 요구에 부응하는 것은 매우 중요한 일입니다. 끊임없는 연구투자도 통상적으로 장려합니다. 그러나 크리스텐슨은 이러한 활동에 몰두한 나머지 잠재적인 위협을 간과하여 함정에 빠져선 안된다고 말합니다.

MBA 교수의 조언

때때로 '산업소멸'이라고 할 만한 사태가 벌어집니다. 이런 사례를 관찰해 보면, 고객의 근원적인 요구가 사라졌다기보다 대부분 이 책에서 소개하는 파괴적 혁신을 포함하여 예기치 못한 대체품에 시장이 파괴됐기 때문입니다.

실제로 사람들이 음악을 듣고 싶어 한다는 요구 자체는 사라지지 않을 겁니다. 그러나 음악을 듣는 매체가 꼭 LP 음반일 필요는 없습니다. 기술진보와 함께 LP 음반은 점차 사라지고 CD, 파일 다운로드, 그리고 스트리밍처럼 형태만 바뀌어왔습니다.

이에 따라 턴테이블과 바늘 등의 제품 시장도 일부 마니아층을 제외하면 수요가 거의 없는 상태입니다.

일반적으로 기업은 눈앞의 경쟁자는 물론 새로 진입해 오는 동업자를 주시합니다. 그러나 그 이상으로 대체품, 즉 고객의 요구는 만족시키되 형태가 다른 제품과 서비스는 두려워한다는 점을 꼭 기억하시기 바랍니다.

키워드 클레이튼 크리스텐슨, 혁신의 딜레마, 파괴적 혁신, 고사양(over-spec), 대체품, 산업소멸

모방하기 힘들어야
우위성이 지속된다

흉내 내지 못할 것을 갖고 있는가
없는가에 달렸다

보유 중인 우월한 경영 자원 덕에 경쟁 우위에 서 있는 사례
가 적지 않습니다. 그중에서도 경쟁사가 쉽게 모방하지 못하는
가치 있는 경영 자원(사람, 물건, 돈, 비결, 네트워크 등)의 유무가 특히
중요합니다.

예를 들어 청량음료 사업에서 자동판매기 수량과 뛰어난 입
지성은 경쟁력에 직접 영향을 미칩니다. '마시고 싶을 때가 사
고 싶을 때'라는 제품의 특성과 자동판매기에서의 구매가 30퍼
센트를 넘는 일본인의 구매특성 때문입니다.

일본 청량음료 업계에서는 90만 대나 되는 압도적인 수의 자
동판매기를 자랑하던 코카콜라가 오랫동안 부동의 1위 자리를
차지하고 있었습니다.

만일 경쟁사가 쉽게 자동판매기 수를 늘릴 수 있었다면 코카
콜라의 우위성은 지속되지 않았을 겁니다.

실제로 산토리 식품이 JT(Japan Tobacco), 즉 일본담배산업주식
회사가 소유한 26만 대 자판기 매수에 총액 1,500억이 필요했
다는 데서도 알 수 있듯이(엄밀히는 '복숭아 맛 천연수' 등의 브랜드 매수

논리적 사고

문제 해결

Chapter 3
경영 전략

마케팅

리더십

조직

액도 포함) 자판기 대수를 늘리기란 쉽지 않습니다. 그래서 더욱 일본 코카콜라의 천하가 지속되었던 것입니다.

모방하지 못하는 사례는 다양합니다. 위의 사례는 거액이기는 하나, 돈으로 살 수는 있었습니다. 특정 브랜드 제품들도 비슷합니다.

반면에 돈으로 사지도 못하고 쉽게 모방하지 못하는 사례도 있습니다. 이는 자원을 바탕으로 한 경쟁론(Resource Best View, RBV)의 중심인물인 제이 바니(Jay Barney) 교수가 제창한 것으로 알려져 있습니다.

1. 독자적인 역사적 조건

일본우정주식회사나 간포생명보험사의 경영 자원과 네트워크는 총무성(總務省, 구 우정사업청)의 정책에 따라야 하는 부분이 커서 경쟁자는 쉽게 흉내 내지 못합니다.

2. 파악하기 어려운 인과 관계

일본 제조업의 강점인 맞춤 연마 기술(부품과 기능이 일대일로 대응하지 않아서 정밀한 조정이 필요한 기술) 등은 외부에서 인과 관계를 파악하기 힘들기에 모방이 쉽지 않습니다.

3. 조직의 복잡함

예를 들어 가전제품 등은 리버스 엔지니어링(Reverse engineering)*으로 꽤 상세히 분석할 수 있지만, 이것을 만들어 낸 조직의 문화와 풍토, 협력업체와 고객과의 소통 등은 복잡하고 파악하기 힘들어 모방하기 힘듭니다.

이러한 사례에서도 알 수 있듯이 하드웨어(물건)에 비해 조직과 기술 등 소프트웨어 쪽이 통상적으로 모방하기 힘들다고들 합니다.

이외에도 전략론에서 드러내놓고 언급하지는 않지만, 카리스마있는 입지 등도 경쟁자가 흉내 내기 힘든 요소입니다.

전자의 사례를 생각해 보면, 2000년대 애플(Apple)은 스티브 잡스 없이는 이야기할 수 없습니다. 일본의 전자기기, 태양전지, 세라믹 관련 기기 제조회사인 교세라(Kyocera)의 오랜 번영도 역시 이나모리 가즈오 씨가 있어서 가능했습니다.

후자는 역사적인 우연으로 뛰어난 입지를 손에 넣은 사례를 들 수 있습니다.

일례로 아오야마 가쿠인대학은 젊은이들이 선호하는 시부야에 인접해 있어서 학생 모집에 매우 유리합니다. 지금부터 다

---

* 기계를 분해하여 제품을 관찰하거나 소프트웨어 동작을 해석하여 제품을 구조를 분석하여 제조방법과 동작원리, 설계도 등 사양이며 소스 코드 등을 조사하는 작업이다.

논리적 사고

문제 해결

Chapter 3
경영 전략

마케팅

리더십

조직

른 대학이 시부야와 오모테산도 사이에 널찍한 부지를 입수하려고 해도 현실적으로 불가능합니다. 이 역시 모방하기란 지극히 어렵습니다.

:::

MBA 교수의 조언

간단하게 말해서 자원을 바탕으로 한 경쟁론은 좋은 경영 자원이 있는 기업이 살아남기 쉽다는 사고방식이었습니다. 그러나 이번 장에서도 몇 번이나 등장하는 마이클 포터 교수는 매력적인 시장을 골라서 위치선점(포지셔닝)을 실현하면 생존할 수 있다고 주장합니다.

이는 어느 한쪽이 옳다, 그르다는 문제가 아니라 서로 보완관계입니다. 바꿔 말하면 자원이 뛰어난 동시에 시장에서 좋은 위치를 선점하면 기업의 경쟁 우위는 훨씬 쉽게 실현됩니다. 직관적으로도 이해하기 쉬운 사고방식입니다.

:::

키워드 모방 곤란성, 자원 바탕 경쟁론(RBV), 제이 바니,
스티브 잡스, 이나모리 가즈오, 포지셔닝

030 능동적인 CSV를 만들어라

CSV는 경쟁 우위로 이어진다

최근 마이클 포터 교수는 기업의 사회공헌이 경쟁 우위성을 형성하는 데 매우 중요해졌다고 피력했습니다. 이제는 예전의 CSR(Corporate Social Responsibility, 기업의 사회적 공헌)과는 다르게 더욱 능동적인 CSV(Creating Shared Value, 공유가치 실현)가 되어야 합니다.

기업의 사회적 공헌이 화제가 된 지 상당한 시간이 지났지만, 자선활동이나 기부와 같은 종래형 CSR 활동은 현실적으로 빈곤과 환경보호 등의 사회적 문제 해결에 도움이 되지 않습니다. 기업의 본래 활동과 분리되면 기업으로서도 온전히 집중하지 못하여 결국 효과도 미미합니다.

따라서 기업 활동 자체가 공유가치(사회의 경제조건과 사회상황을 개선하며 경쟁력을 높이는 방침과 실행)의 원칙에 따라 진행되어야 합니다. 이에 기업은 기업다운 면모를 뽐내며 환경과 사회의 지속가능성에 공헌하고 사회와 공생하는 관계를 만들 수 있습니다.

구체적으로는 다음과 같습니다.

1. 제품과 시장을 직시한다.

2. 자사의 가치 사슬 생산성을 재정의한다.

3. 기업이 거점을 둔 지역을 지원하는 산업 클러스터를 만든다.

이런 분야에서는 서구의 다국적 기업이 조금 앞서 있는 것이 사실입니다. 앞으로 기업 특유의 자사 강점을 활용한 CSV 실현을 기대해 봅시다.

그림 11 CSR에서 CSV로

CSR	CSV
• 가치는 '선행'이다. • 시민권(citizenship), 자선활동(philanthropy), 지속가능성 • 시간축이 길다. • 임의 혹은 외압 • 이익의 극대화와는 별개다. • 테마는 외부의 보고서나 개인의 기호에 따라 정해진다. • 기업의 실적과 CSR 예산의 제한을 받는다. • 예를 들어 공정무역으로 구매한다.	• 가격은 비용에 비교한 경제적 편익과 사회적 편익이다. • 기업과 지역 사회가 공동으로 가치를 창출한다. • 경쟁은 필수다. • 이익의 최대화가 필수다. • 테마는 기업별로 다르며 자발적이다. • 기업의 예산 전체를 재편성한다. • 예를 들어 조달방법을 바꿔서 품질과 수확량을 향상한다.

출처: 마이클 포터 '공동가치의 전략'
〈DIAMOND 하버드 비즈니스 리뷰〉 2011년 6월호

키워드 CSV, CSR, 공유가치, 지속가능성

031

세밀한 부분까지 신경 써야
전략이 열매를 맺는다

세심한 배려가 완성도를 높인다

속담에 '하나를 보면 열을 안다'라는 말이 있습니다. 겨우 한 가지 상황에서 다른 모든 것을 추측해 낼 수 있다는 뜻입니다.

전략을 실행할 때에도 마찬가지입니다. 아무리 전력을 다해 검토한 훌륭한 전략이어도 막상 실행 단계에서 세부적으로 문제가 있으면 거기서부터 틈이 벌어지기 시작하고 전략의 효과는 반감되기도 합니다. 다음과 같은 사례가 이에 해당합니다.

1. 전술의 구체화가 초보적이다

기본 18에서 언급했듯이, 전략은 최종적으로 국지전인 전술에서 구체적으로 드러납니다. 만약 전술이 제대로 다져지지 않으면 큰 누락이 생기고, 시책 간 정합성이 없으면 전략은 효과를 발휘하지 못합니다.

하지만 처음부터 일목요연하게 전략을 짜기는 현실적으로 어려우므로 실제로는 진행하면서 수정을 거치는 일이 많습니다.

이때 관계자는 꼼꼼하게 소통하고 빠르게 PDCA(PLAN(계획), DO(실행), CHECK(평가), ACTION(개선)) 사이클에 적용하여 현장에서 적절한 조치가 취해지는 체제를 갖추어야 합니다. 회의체 설정이며 핵심성과지표(Key Performance Indicator, KPI)의 설정과 측정 등, 중요 지표에 문제가 생기기 전에 사전에 예상해 두어야 합니다.

2. 감정에 대한 배려가 부족하다

인간은 논리만으로 움직이지 않습니다. 우선 감정으로 판단한 후, 논리적인 이유를 붙입니다(기본 10 참조). 따라서 관계자, 특히 전략을 실행하는 데 핵심이 되는 인력에게는 세심하게 배려해야 합니다. 여기에서 기분이 틀어지는 순간 전략 실행의 에너지를 잃고 맙니다.

여기에서도 제일 중요한 점은 소통입니다. 인간은 때때로 사람을 '기능'으로 보는 나쁜 습성이 있습니다. 그러나 사람에게는 감정이라는 게 있습니다.

이를 염두에 두고 적극적인 소통을 통해 상대의 자존심을 살피고 의욕을 불러일으키도록 배려해야 합니다.

논리적 사고

문제 해결

Chapter 3
경영 전략

마케팅

리더십

조직

키워드 PDCA, KPI, 소통

Chapter
04

마케팅

. . . .

효과적으로 자금을 얻는다

효과적으로 자금을 얻는다

회사에 근무하는 사람이라면, 월급날에는 당연히 월급이 이체된다고 생각하실 겁니다.

하지만 이 자금은 어디에서 온 걸까요? 일부 벤처기업 등에서는 벤처 캐피털 등의 투자금으로 조달하고 있을지도 모르지만, 이는 예외 중의 예외입니다.

기본적으로 기업이 자금을 확보하는 주요 원천은 매출입니다. 매출은 어디에서 발생하는가, 바로 고객입니다. 즉, 고객이 여러분의 회사 제품과 서비스를 고르고 구매해 주어야 기업에 자금이 들어오게 됩니다. 그래야 설비투자와 기술개발을 위한 선행 투자가 가능해집니다. 그렇지 않으면 최악의 경우, 여러분은 월급을 받지 못하게 됩니다.

이런 상황을 방지하기 위해서라도 기업이 실적을 올릴 수 있는 체제를 만들어야 합니다. 그래서 마케팅이 중요합니다.

글로비스에서는 마케팅을 '**고객이 구매하게 만드는 구조**'라고 정의합니다. 이 말이 제대로 실행될 때 기업은 안정적으로 매출이 올라가고 자금이 확보됩니다.

소비재 분야의 선두 기업 중 한 곳이자 P&G라는 약칭으로 유명한 프록터앤드갬블(Procter & Gamble)은 마케팅을 기업 활동의 중심에 두고 있습니다.

마케팅 부문에서 철저히 훈련된 인재가 결국에는 경영진에 올라 자금 창출력이 높은 기업 만들기를 담당하게 됩니다. 네슬레(Nestle) 등 글로벌 마케팅에 강한 기업도 마찬가지입니다.

이러한 인재는 사내뿐 아니라 다른 기업에서도 스카우트 대상이 되곤 합니다.

그만큼 마케팅은 기업의 생명을 쥐고 흔드는 활동이며, 마케팅이 뛰어난 인재는 장래에 경영진 후보라고 해도 과언이 아닙니다.

마케팅의 목적은
셀링 필요성을 없애는 것이다

위의 문장은 예리한 통찰력으로 다양한 경영 이론을 남긴 피터 드러커(Peter Ferdinand Drucker)*가 남긴 말입니다. 여기서 말하는 셀링(Selling)은 강제 영업, 즉 고객에게 무리하면서까지 판매하는 영업방식입니다. 다시 말해서, '구매하게 만드는 구조'인 마케팅이 제대로 기능했다면 무리하게 구매를 강요하지 않아도 고객은 기업에 이익을 얻게 해 준다는 뜻입니다.

그렇다면 구체적으로 어떤 사례일까요? 포인트는 크게 두 가지입니다.

1. 고객의 관점에서 사고하기

구체적인 방법론을 이야기하기 전에, 마케팅의 원점은 고객이라는 점을 반드시 기억해야 합니다. 항상 고객을 출발점 삼아

---

* 미국의 경영학자다. 현대 경영학을 창시한 학자로 평가받으며 경제적 제원을 잘 활용하고 관리하면 인간 생활의 향상과 사회발전을 이룰 수 있다고 생각했다. 자신의 신념을 바탕으로 한 경영 관리의 방법을 체계화하여 현대 경영학을 확립하였다.

다양한 관점에서 고민해야 합니다.

- 누가 살 것 같은가?
- 그들의 요구는 무엇인가?
- 그들은 어떤 방법으로 구매하고 싶어 하는가?
- 무엇을 해야 고객이 만족할 것인가?

이러한 전제 없이 표면적인 기술, 예를 들면 광고나 가격 설정 등의 방법론만을 배워본들 마케팅 효과는 생기지 않습니다. 기술을 익히는 것보다 마음가짐이 더 중요합니다.

2. 마케팅의 기본 과정을 숙지하기

그다음으로 마케팅의 기본 과정을 알아야 합니다. 마케팅은 경영학 중에서도 과정이 가장 체계화된 영역 중 하나입니다.

특히 필립 코틀러(Philip Kotler)**는 근대 마케팅 체계의 사상적 바탕을 마련하는 등 대대적인 업적을 남겼습니다.

마케팅이라고 하면 그림 12의 마케팅 믹스, 즉 4P(제품전략(Product), 가격전략(Price), 유통전략(Place), 홍보전략(Promotion))나 마켓 리서치를 떠올리는 분이 많을 겁니다. 이는 마케팅 과정

** 노스웨스턴대학 켈로그 경영대학원 석좌교수로 '마케팅의 아버지'라 불리는 마케팅의 대가이자 세계적인 경영사상가다.

그림 12 마케팅 과정

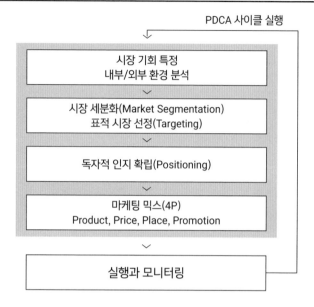

PDCA 사이클 실행

| 시장 기회 특정
내부/외부 환경 분석 |
| 시장 세분화(Market Segmentation)
표적 시장 선정(Targeting) |
| 독자적 인지 확립(Positioning) |
| 마케팅 믹스(4P)
Product, Price, Place, Promotion |
| 실행과 모니터링 |

중 하나에 지나지 않습니다.

상황에 따라 전후가 바뀌기도 합니다만, 이 과정을 제대로 의식하고 생각의 누락을 방지해야 '구매하게 만드는 구조'가 실현됩니다.

인기 제품 중 하나인 파나소닉(Panasonic)의 칫솔 '포켓돌츠(Pocket Doltz)'를 예로 들어보겠습니다. 젊은 직장여성들 사이에서 초창기의 전동칫솔은 부피가 커서 자리를 차지하는 데다가 점심 식사 후에 양치질하기에는 소리가 우렁차서 거슬린다는 불만이 컸습니다(시장기회의 발견과 타깃팅).

이러한 고객의 불편을 바탕으로 파나소닉은 '화장품만큼이나 예쁜 전동칫솔'이라는 슬로건 아래 '포켓돌츠'를 개발하고 판매에 나서 직장여성이 즐겨보는 잡지와 프로그램 등에 대대적인 프로모션을 펼치기 시작했습니다(포지셔닝, 마케팅 믹스).

이렇듯 고객의 관점에서의 마케팅 믹스 실행이라는 기본을 잘 지켰다는 점이 '포켓돌츠'의 히트로 이어졌습니다.

MBA 교수의 조언

경영은 과학인 동시에 아트(Art)라고도 합니다. 마케팅도 마찬가지입니다. 특히 소비재 마케팅에서는 아트, 다시 말해서 감성이나 감각에 많이 의지합니다.

그러나 본 항의 내용을 우직하게 실행하면 성공 확률이 높아지는 것 역시 마케팅의 특징입니다. 아트 부분은 남더라도 사이언스, 즉 과학적인 방법론이 주는 효과는 확실합니다.

성공 재현성을 높이고 기업을 영속적으로 발전시키는 데도 이러한 과학적인 부분만큼은 반드시 이해해야 합니다.

키워드 고객 관점, 필립 코틀러, 마케팅 믹스(4P), 마케팅 과정, 시장 세분화, 타깃팅, 포지셔닝, 재현성

고객의 본질적 요구를 파악하라

마케팅의 기본은 고객의 요구를 이해하고 만족시키는 제품과 서비스를 제공하는 것입니다. 그러나 판매자는 고객이 자사의 '제품'을 바란다고 착각하기 마련입니다. 소제목은 이를 경계하는 말입니다.

안경 제조사는 고객이 안경을 갖고 싶어 한다고 생각합니다. 하지만 그것은 고객의 근본적인 요구가 아닙니다. 마케팅 전문 용어로는 욕구, 원츠(Wants)라고 부릅니다. 본질적인 요구(Needs)는 어디까지나 '스트레스 없이 사물이 잘 보이는 것'입니다.

만일 본질적인 요구를 놓치면 기본 28에서 언급했듯이, 같은 요구를 만족시키는 대체품에 시장을 점점 빼앗기게 됩니다.

현재 시력교정술 중 하나인 라식 수술은 기술 혁신이 진행되어 가격이 계속 저렴해지고 있습니다. 안전성만 확실히 보증된다면 시장에서 안경은 사라질지도 모릅니다.

자사의 마케팅과 제품 개발이 고객의 근원적인 요구에 대응하고 있는지를 다시 한번 돌아볼 필요가 있습니다.

그렇지 않으면 고객의 요구 변화에 맞춘 제품 개선 및 개발이 지연되고 어느 날 갑자기 자사 제품이 시장에서 사라질 수 있기 때문이죠.

자사 제품이 아직 잠재되지 않았던 고객의 요구를 자극할 수 있을지 검토해 보는 적극성도 중요합니다.

전보의 경우, 전화의 등장으로 정보 전달이라는 기본 요구가 빠르게 대체되고 말았습니다. 그러나 다음과 같은 잠재요구에 대처하여 지금까지도 경조사 등에 이용되고 있습니다.

· 형태로 남기고 싶다.
· 사진이나 그림엽서처럼 화려한 느낌을 주고 싶다.
· 오감(五感)에 호소하고 싶다.
· 대리 발신하고 싶다.

논리적 사고

문제 해결

경영 전략

Chapter 4
마케팅

리더십

조직

키워드 욕구, 요구

034 잠재 욕구 대부분은
고객의 불만에 숨어있다

불만이 있는 곳에
비즈니스 기회가 있다

욕구는 바꿔 말하면 욕망입니다. 인간은 욕망의 동물이기에 마케팅에서는 욕망에 잘 대처해야 합니다.

욕구에는 '이런 일을 하고 싶다'라는 긍정적인 내용도 있지만, '이런 점이 불편하다', '이렇게 바꾸면 편하지 않을까?' 등의 불만 해소가 큰 비중을 차지합니다. 기본적으로 인간은 게으르기 때문입니다.

하지만 이런 욕구는 때론 잠재적이어서 잘 찾아내야만 합니다. 불만을 해소하여 인기 제품이 된 사례는 다음과 같습니다.

- 워크맨(Walkman): 가벼운 마음으로 음악을 듣고 싶지만, 라디오 카세트를 들고 다니기에는 무겁고 귀찮다.
- 휴대전화: 외출해서 전화를 자유롭게 쓰고 싶다. 가족과 함께 써서 나 혼자 오래 쓸 수도 없다.
- 내비게이션: 일일이 지도를 봐가며 위치를 확인하기란 귀찮은 일이다. 특히 방향치인 사람은 길 찾기가 고통이다.
- Wii: 아이가 혼자서 게임에 열중하는 모습은 바람직하지도

건전하지도 않다. 대화가 통하지 않는다.

· 푸린체(Purine Base)* 제로 맥주 맛 음료수: 맥주는 좋아하지만 과음하면 요산 수치 상승으로 통풍이 걸릴 위험이 있다.

이처럼 소비자이자 사용자로서 자신의 평소 불만을 어떻게 하면 해소할 수 있을까 고민하다가 비즈니스 기회를 발견하기도 합니다.

MBA 교수의 조언

본 항에서는 불만에 관해 이야기했는데요, 이외에 '불쾌', '불평등', '불안전' 등 '불(不)' 자가 붙는 말들, 다시 말해서 이상향과 차이가 생기는 지점에 비즈니스 기회가 있을 가능성이 크다는 점을 반드시 기억하시길 바랍니다.

키워드 잠재 욕구, 불만

---

* 일종의 단백질로 곡물, 육류, 어류, 채소류 등에 포함된 성분으로 감칠맛을 낸다. 세포 수가 많은 식품일수록 푸린체 함유량이 많다. 그러나 푸린체가 대사이상을 일으키면 통증이 생길 수 있다.

035 제품 콘셉트 조사에는 한계가 있다

직접 봐야 갖고 싶어진다

일반적으로 신제품 개발에 앞서서 제품 콘셉트를 만듭니다. 이것을 문장으로 작성하면 몇 줄에서 A4용지 1장 정도 분량이 되는데, 주로 제품이 만족시키려는 요구와 특징 등을 기록하게 됩니다.

그리고 소비자 설문 조사 등을 실시하여 제품 콘셉트가 받아들여지는지를 확인합니다. 평가가 좋으면 그대로 제품화가 되지만, 반대의 경우라면 콘셉트를 수정하거나 프로젝트 자체를 중지합니다. 실무적으로 매우 중요한 과정입니다.

그러나 제품 콘셉트 조사, 콘셉트 테스트에서 평판이 좋았지만 실제로는 판매 실적이 저조하기도 하고 정반대의 사례도 있습니다. 고객이 변심했거나 시장 조사에 한계가 있었다는 방증입니다. 특히 문장만으로 실제 제품을 연상하기가 얼마나 어려운지 알려줍니다.

폭발적인 인기 제품으로 손꼽히는 애플의 아이폰도 제품 콘셉트 단계에서는 예상외로 찬사를 받지 못했습니다.

시대의 최첨단에 서 있는 혁신적인 제품이며 서비스일수록 이러한 경향이 두드러집니다.

소니의 '워크맨'도 개발 당시에는 '녹음기능도 없는데 가격도 비싼 제품이 팔릴까' 하는 걱정이 앞섰습니다. 그런데도 세상의 빛을 보게 된 것은 창업자인 모리타 아키오씨 덕분이었습니다.

아이폰 역시 최고 경영자였던 스티브 잡스의 집착이 없었더라면 탄생하지 못했을 겁니다. 이처럼 열정적인 리더들의 일화가 미화되어 전해지지만, 늘 성공을 거두는 것은 아닙니다.

통상적인 제품개발 프로젝트에서 산재한 문제를 어떻게 극복하느냐는 마케터와 제품개발자가 풀어야 할 과제입니다.

논리적 사고

문제 해결

경영 전략

Chapter 4
마케팅

리더십

조직

키워드 제품 콘셉트, 콘셉트 테스트, 마케팅 리서치, 모리타 아키오

036

경쟁자와 똑같이 하는 순간 패배한다

요즘 마케팅의 주요과제는 **고객 관심**(attention)**의 쟁탈**입니다. 경제 성장과 함께 시장은 수많은 제품들로 넘쳐나기 때문입니다. 경쟁이란 명확히 다른 행동으로 고객에게 강하게 인상을 남기는 것입니다.

스티브 잡스는 이렇게 말했습니다. "아름다운 여성에게 말을 건네려는데, 다른 남성이 장미꽃을 열 송이 선물한다면, 당신은 열다섯 송이를 선물할 텐가? 그렇게 생각한 순간 당신의 패배다."

마케팅에서 중시하는 포지셔닝은 최근에 더욱 강조되는 추세인데요, 그 이유도 결국 마찬가지입니다. 다만 마케팅에서 말하는 포지셔닝은 전략론의 포지셔닝(기본 29 참조)과는 의미가 다릅니다. 바로 경쟁자와 명확히 구별되는 차별화 이미지를 고객의 머릿속에 심어주는 것입니다.

태양의 서커스(Cirque du Soleil)는 경쟁자와는 뚜렷이 다른 차별화 축을 만들어내서 성공한 사례입니다. 일반적인 서커스와 달리 동물에게 곡예를 시키지 않는 것이 특징입니다.

대신에 예술성이 높은 공연을 전면에 내세웠고 오페라와 록 음악 등도 적극적으로 접목했습니다. 의상과 무대장치에도 얼마나 심혈을 기울였는지 보여줍니다. 이 모든 노력은 그들을 유일무이한 존재로 만들었고 세계적인 인기를 누리게 했습니다.

이처럼 타깃팅과 포지셔닝, 제품 콘셉트, 제공가치는 일맥상통하면서도 서로 밀접하게 연관되어 있어야 한다는 필요조건이 따릅니다.

만약 이러한 요소들이 따로 흩어져 있다면 고객도 혼란스럽고 해당 제품이 시장에서 지위를 구축하지 못합니다. 고객층을 명확히 이미지화하고 그들의 머릿속에 차별화된 이미지를 강렬하게 심어야만 합니다.

논리적 사고

문제 해결

경영 전략

Chapter 4
마케팅

리더십

조직

키워드 관심의 쟁탈, 포지셔닝, 차별화 이미지, 제품 콘셉트, 제공가치

037

본질적인 가치와 참신함으로
범위를 좁혀라

걸작은 단순하다

물건이 남아도는 요즘, 기업은 세밀한 차별화를 통해 경쟁에서 아주 작은 격차라도 만들어 내려고 합니다.

전형적인 예가 바로 가전제품입니다. 가전은 신제품이어야 판매점 진열대에 오를 수 있습니다. 약간만 바꿔서라도 신제품이라며 출시하는 제조사의 기분이 알 것도 같습니다.

그러나 조금씩 여러 번 바꾸어 본들 고객에게 잘 전달될까요? 극심한 생존경쟁 끝에 기업의 체력만 점차 소모될 뿐입니다.

차별점을 조금씩 더할 게 아니라, 본질적으로 다른 가치와 참신함으로 범위를 좁혀서 집중하는 편이 고객에게 강한 인상을 줍니다. 결과적으로 제품의 형태 자체는 단순해지고 사용법은 간단해져서 제조비용이 낮아지는 장점도 생깁니다. 물론 상품에 따라 다를 수는 있습니다.

구글 홈페이지를 한번 봅시다. 같은 포털사이트인 야후 등의 홈페이지가 정보로 가득한 데 비해 구글은 단순함 그 자체입니다. 기껏해야 로고 디자인에 신경 쓴 정도랄까요. 하지만 사용자는 본 순간 사용법을 알 수 있고 정보를 갱신할 필요도 없습

그림 13 **걸작은 단순한 법**

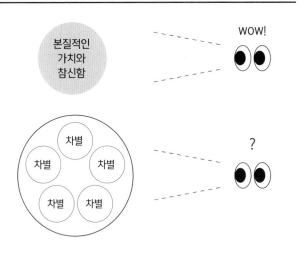

니다. 검색이라는 고객의 요구를 간파하여 불필요한 부분은
과감하게 배제한 구글의 혜안에 놀랄 뿐입니다.

구글 홈페이지는 겉보기에는 단순해 보이지만, 이면의 검
색 로직 등은 감탄을 자아냅니다. 다시 말해서, 고객에게 기
술의 정교함은 드러내지 않고 단순함만을 내보였다는 것입
니다.

키워드 생존경쟁, 본질적 가치, 과잉 배제

038 일등으로 관심을 받아라

고객 인지도를 높여라

마케팅 조사에서는 인지도 조사가 매우 중요합니다. 여러 인지도 중에서도 다음의 예가 가장 중요합니다.

- **재확인율**: '○○이라는 브랜드를 아십니까?'라는 질문에 '예'라고 대답할 확률
- **재생률**: '△△라는 제품 카테고리에서 어떤 브랜드가 떠오르십니까?'라는 질문에 해당 브랜드가 나올 확률

그리고 재생률이 높은 브랜드 중에서 가장 많이 첫 번째로 꼽히는 브랜드를 최초 상기 브랜드(Top of Mind)라고 합니다.

이는 사람들에게 인지도(Mind Share)가 가장 높은 브랜드로 시장 점유율이며 고객 충성도, 호감도까지 높습니다.

가장 먼저 떠오르기에 구매하는 것인지, 자주 구매하니까 첫 번째로 떠올리는 것인지는 닭이 먼저냐 달걀이 먼저냐의 문제와 일맥상통합니다. 어느 쪽이든 가장 먼저 대답한 만큼의 가치는 충분합니다.

만약 맥주를 대상으로 인지도를 조사하면 일본에서는 아사히의 '슈퍼 드라이'가 압도적으로 최초 상기 브랜드가 될 겁니다. 발포주 등을 제외한 순수한 맥주 분야에서 시장 점유율이 50퍼센트나 되는 이유이자 결과입니다. 이처럼 일단 최초 상기 브랜드가 되면, 입소문이나 유통에서 가장 좋은 자리를 확보하게 되고 점차 지위가 군건해집니다.

이러한 결과는 광고와 프로모션만으로 이뤄지지 않습니다. 제품 자체의 매력이 충분해야 합니다.

'슈퍼 드라이'의 경우, 신선도를 철저히 유지하여 항상 맛있게 마실 수 있는 상태로 제공해 왔기에 지금의 위치에 서게 된 것입니다.

따라서 마케터의 최고의 목표는 모든 방법을 다 쓰더라도 일등 지위를 획득해 내는 일입니다.

논리적 사고

문제 해결

경영 전략

Chapter 4
마케팅

리더십

조직

키워드 재확인율, 재생률, 최초 상기 브랜드, 인지도,
고객 충성도, 호감도

사람의 행동은 대부분 습관이다

사람들은 하나의 카테고리에 포함된 제품을 일일이 검토하며 물건을 구매하지 않습니다. 샴푸 같은 경우 기껏해야 두 종류 정도, 맥주라면 다섯 종류 정도 선택지 안에서 그날 기분에 따라 고르게 됩니다. 이러한 나만의 리스트를 **환기상표군**(Evoked Set)이라고 합니다.

사람은 한번 환기상표군을 만들면 그 안에서 선호(preference) 정도에 따라 선택합니다. 이러한 습성은 잘 바뀌지 않습니다. 다시 말해서 환기상표군에서 한번 탈락하면 시장 점유율을 다시 높이기란 여간 어려운 게 아닙니다.

필자의 맥주 환기상표군을 꼽자면 '프리미엄 몰츠', '기린 라거', '에비스', '슈퍼 드라이', '블랙 라벨', '이치방 시보리'입니다. 가끔 새로운 맥주를 시음해 보기도 하지만, 결국은 필자의 맥주 리스트에서 고르게 됩니다. 그만큼 대표 제품의 위력은 엄청납니다. 따라서 마케팅에서 첫 번째 목표는 환기상표군으로의 진입입니다.

환기상표군에서 누락되면 시장 점유율이 급격히 하락합니

다. 또 환기상표군 안에 꼽혔어도 선택순위가 하위라면 매출이 크지 않습니다.

이러한 이유로 호감도와 브랜드 충성도가 수반하는 최초 상기 브랜드가 되는 것이 시장 점유율을 높이는 데 효과적입니다.

MBA 교수의 조언

습관화를 더욱 굳건하게 만드는 대표적인 방법은 다음과 같습니다.

- 포인트 카드 등으로 거래 지속 및 유지 유도(예: 대부분의 소매점이나 인터넷 쇼핑)
- 본체를 저렴하게 제공하고 소모품으로 이익을 창출하는 '레이저 블레이드(Razer Blade)' 형 비즈니스의 추구(예: 면도기의 날)
- 학교와 병원 등 많은 소비자가 처음으로 제품을 접하는 장소에 도입하여 테스트하기(예: 산부인과에서의 우유 시음이나 일회용 기저귀 샘플 제공)

키워드 환기상표군, 선호, 레이저 블레이드 모델, 테스트 촉진

040 주요 협력사의 이익과
감정을 고려하라

유통 관점에서 바라보라

어떤 형식이든 전략이나 구조를 생각할 때, 대상자의 관점에서 바라보면 매우 효과적입니다. 대상으로 삼은 마케팅 전략 입안은 반드시 고객의 관점에 서야 합니다. 기본 4에서 이야기한 복안 사고의 실천판이라고 할까요. 마케팅 전략의 일부인 유통전략, 즉 도매나 소매 유통의 계획 및 관리도 마찬가지입니다.

자신의 상황만을 염두에 두고 유통전략을 세운다면 과연 생각대로 움직여줄까요? 유통사 관점에서 이익과 감정을 바라보고 공생 관계를 구축해야 합니다.

창업 초기로부터 1990년대까지의 마쓰시타 전기(현재 파나소닉)는 유통전략에서 성공한 대표적인 사례입니다.

마쓰시타 고노스케 사장은 직접 판매점을 방문하고 상대의 시선에서 설득하여 나쇼나루* 판매점으로 만드는 공생관계를 구축했습니다. 번영기에는 2만 6천 곳에 달했던 나쇼나루 판매점은 마쓰시타 전기 경쟁력의 원천이었습니다.

---

* 'National'의 뜻으로 마쓰시타 전기의 국내용 브랜드로 당시 파나소닉은 글로벌 브랜드명이었다. 현재는 파나소닉으로 통일되었다.

막상 전략을 변경하려고 하면 유통은 발목을 잡는 족쇄가 되곤 합니다.

마쓰시타 전기도 소비자가 동네 판매점이 아니라 대형 슈퍼마켓에서 가전을 구매하게 되자 뒤늦게 판매점 재편에 나섰고 엄청난 수고를 들여야 했습니다. 사전에 적합한 유통 모델을 구상하고 늦기 전에 손을 써야 합니다.

그림 14 유통의 양면성

경쟁 우위의 원천

경쟁에 앞서 우수한 유통 라인을 확보하여 둘러싸면, 경쟁자가 모방하기 힘들고 경쟁 우위를 지속할 수 있다.

변혁의 족쇄

생각대로 움직이기가 어렵거나 시간이 소요된다. 유통이 시대에 뒤처졌다고 해도 시급하게 변경되지 않으며 기업에도 부담이 된다.

키워드 마쓰시타 고노스케, 변혁의 족쇄

브랜드는 단순히
프로모션의 결과가 아니다

최신 브랜드 설립, 특히 기업브랜드 구축은 단순한 마케팅 테두리를 넘어 경영 이념의 재검토이자 전사전략 못지않게 중요성을 띠고 있습니다. 그만큼 기업브랜드는 가치가 있습니다.

좋은 기업브랜드는 어떻게 만들어지는 걸까요? 1980년대부터 90년대까지는 기업 정체성(Corporate Identity, CI)이 유행했지만, 로고 개선과 프로모션 강화에 그치는 일이 많았습니다. 이 정도로는 사회에서의 인상은 바뀌겠지만, 브랜드 강화로는 이어지지 않습니다.

정의하기 나름이지만, 요약하면 브랜드란 기업에 대한 신뢰이자 신용이며 바람직한 이미지를 떠올리는 힘입니다.

일례로 세븐일레븐은 다음과 같은 이미지가 연상됩니다.

· 품질 좋은 자사 브랜드 제품이다.

· 사고 싶은 물건이 있다.

· 서비스가 풍부하다.

· 점포가 깨끗하다.

이러한 내용은 광고나 프로모션만으로는 전달되지 않습니다. 우직하게 기업 활동을 하고 경쟁에 살아남아 신뢰를 쌓았기에 얻어진 결과입니다.

브랜드는 소통 능력에 따라 발생하는 차이 이상으로 기업 활동의 실태를 반영합니다.

필자는 마케팅 강의에서 '무엇을 말하는가(Saying)' 이상으로 **'무엇을 하는가(Doing)'**와 나아가 **'어떤 기업인가(Being)'**가 기업브랜드를 좌우한다고 말합니다. 물론 이것은 하루아침에 이뤄지지 않습니다.

기업브랜드 구축은 마케팅 부분만의 업무가 아닙니다. 운영진의 적극적인 관여와 함께 말단사원에 이르기까지 기업이 의도한 브랜드 이미지가 침투하여 기업 활동에 반영되었을 때 비로소 실현되었다고 할 수 있습니다.

논리적 사고

문제 해결

경영 전략

Chapter 4
마케팅

리더십

조직

키워드 기업브랜드, 신뢰, 신용, 브랜드 연상, 어떤 기업인가(Being)

042

높은 고객 만족도와 충성도가
고수익으로 이어진다

고객 만족도는 최고의 마케팅이다

마케팅 목표 중 하나는 고객 만족도 실현입니다. 고객 만족도 향상은 다양한 부차적인 효과를 발생하며 기업의 수익성 향상으로 이어지기 때문입니다. 구체적으로는 다음과 같습니다.

· 반복구매한다.
· 기업의 다른 제품도 구매한다(고객 1인당 평균매입액이 높아진다).
· 입소문이 좋아진다.
· 가격 인하 요구가 약해지며 높은 가격도 잘 수용한다.
· 유익한 피드백이 많아진다.

이러한 내용이 복합적으로 효과를 내면서 고객 만족도 실현은 실제로 가성비가 가장 높은 마케팅이라는 상황이 만들어집니다. 제품과 서비스에 따라 달라지지만, 만족과 재구매의 관계를 구성하면 그림 15와 같이 표현할 수 있습니다.

약간의 만족만으로는 큰 의미는 없으며, '매우 만족' 혹은 '감격했다' 수준의 만족도가 실현된다면 가성비 효과가 매우 높아

그림 15 만족도와 재구매율의 전형적인 관계

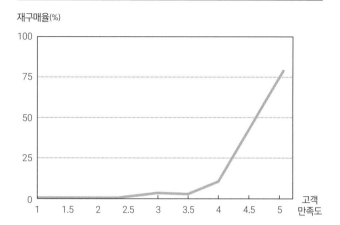

재구매율(%)

집니다. 특히 디즈니랜드와 같은 테마파크와 레스토랑, 혹은 접객형 서비스업에서 이러한 경향이 두드러집니다.

그러나 고객의 진짜 충성도와 겉으로 보이는 충성도를 착 각하면, 향후 제품개발이나 마케팅 시책에도 문제가 발생합 니다.

이러한 이유로 최근에 도입하는 지표가 순고객추천지수 (Net Promoter Score, NPS)입니다.

NPS에서는 '우리 회사를 친구에게 추천할 가능성이 얼마 나 됩니까?'라고 질문하고 10점 만점에서 9점 이상 준 장려 자 비율에서 6점 이하를 준 비판자 비율을 빼고 나서 100포 인트에서 −100포인트 사이에서 점수를 계산합니다.

NPS가 낮으면, 겉으로는 재구매율이 높아도 고객 만족도가 아닌 다른 요인이 존재할 가능성이 큽니다. 자사 제품 수준 향상이나 잠재적 위협으로의 대응 등에 관해서 적절한 시책을 세우기 쉽습니다.

고객 만족도를 높이려면 먼저 고객의 의견부터 들어야만 합니다. 가장 유효한 방법이 설문 조사인데, 만족하지 못한 고객이 불만족이라고 설문 조사에 쓴다는 보장은 없습니다.

이러쿵저러쿵하지 않고 '이제 이용하지 않을 거니까' 하며 아무 말 없이 서비스를 해지하는 경우도 많습니다. 즉, 과묵한 고객은 조용히 사라지는 법입니다.

기업으로서는 가성비 나름이지만, 필요에 따라 재구매를 중단했거나 브랜드를 변경한 고객을 추적하여 의견을 수렴한다거나, 설문 조사에 지혜를 더하는 등 다면적으로 고객의 목소리를 수집하여 진짜 문제가 어디에 있는지를 정확히 찾아내야만 합니다.

MBA 교수의 조언

재구매율이 높다고 고객 만족도가 높다고 할 수는 없습니다. 예를 들면 다음과 같은 상황입니다.

- 유효한 대체 제품과 서비스가 없다. (예: 섬에 하나밖에 없는 병원 등)
- 대체비용이 비싸다. (예: 다른 제품으로 바꾸는 데 기억해야 할 정보가 많거나 수고가 드는 경우)

90년대 후반 마이크로소프트의 윈도우야말로 대표적인 사례입니다. 만족도는 절대 높지 않았는데 다른 유력한 대체품이 없고(최근에는 애플의 컴퓨터가 상당히 부활하였지만, 당시에는 시장 점유율이 미미했습니다), 또 OS는 한 번 설치하면 대체비용이 비싼 제품이어서 만족도를 뛰어넘는 재구매율을 누리게 된 것입니다.

키워드 고객 충성도, 반복구매, 입소문, NPS

043

기업의 구매자에게는 다양한
책임과 위험이 따른다

법인 고객의 최대 관심사는
사내 평가다

기업과 법인 고객을 위한 마케팅은 통상적인 소비재와는 다른 어려움이 존재합니다.

그중 하나가 구매 담당자의 사내에서의 책임 소재와 그에 따른 인사 고과입니다. 소제목은 이런 중요성을 의미하고 있습니다.

예를 들어 목이 마른 참에 주변에 있는 자동판매기에서 처음 보는 음료수를 샀다고 가정해 봅시다. 이런 일로 누군가와 상담하지도 않을 뿐더러 맛없다고 해서 책임을 운운할 필요도 없습니다.

하지만 법인 마케팅에서 구매 의사결정자는 사내에서 설명과 결과에 대한 책임을 집니다. 특히 그때까지 사용하던 제품과 서비스를 중단하고 새것으로 대체할 때는 책임이 더욱 커집니다. 새 제품과 서비스를 도입하여 문제가 발생한다면 담당자는 인사 고과에서 나쁜 점수를 받게 되겠죠.

이러한 이유로 기업의 구매 담당자는 대개 보수적입니다. 새 제품 도입에는 주저하고, 필요성이 높아도 실적이 적은 업체와는 거래하려고 들지 않습니다. 사양보다는 실적을 중심으로 판단하려고 합니다.

예전에 IBM의 메인 프레임이 전성기였을 때 기업의 IT 담당자 사이에서는 'IBM 제품을 사서 문제가 생겨도 IBM 문제이지 기업의 IT 담당자 탓은 아니다'라는 말이 회자될 정도였습니다. 기업의 구매 담당자란 그 정도로 자기 평가에 민감합니다.

B to B 비즈니스를 하는 벤처기업 등은 법인 고객의 보수성을 염두에 두고 다음과 같은 시책을 마련하는 것이 일반적입니다.

- 압도적인 가성비를 실현한다.
- 상대 담당자가 사내에서 설명하기 쉬운 자료를 준비하는 등 성실하게 지원한다.
- 신제품을 선호하는 고객을 적극적으로 찾아서 실적을 쌓는다.
- 전체에 도입하지 말고 한 부분씩 시험 도입한다.

논리적 사고

문제 해결

경영 전략

Chapter 4
마케팅

리더십

조직

키워드 설명 책임, 결과 책임, 보수성, 실적 중시

044

사람이 먼저, 고객은 나중

이 문장을 보고 '고객은 왕이니까, 고객이 먼저 아닌가?' 하고 의아해하셨죠? 결론부터 말씀드리면 고객 만족도는 실현되어야 하지만, 그만한 체제도 갖추기 전에 고객 만족도를 높이기란 무척이나 어려운 법입니다. 특히 서비스업, 그중에서도 접객형 서비스업의 고객 만족도를 높이는 가장 중요한 요소는 자사의 종업원입니다.

숙련도는 물론 의욕까지 낮은 종업원의 서비스에 고객이 만족할 리 없습니다. '고객 불만족⇒종업원 불만족⇒고객 불만족⇒……'과 같은 악순환이 생깁니다.

우선 종업원의 선발과 교육, 의욕 향상 등을 착실히 교육하여 '종업원 만족⇒고객 만족⇒종업원 만족⇒……'처럼 선순환이 이루어지는 토대를 만들어야 합니다. 미국에서 매년 실시하는 대기업 고객 만족도 순위에서 상위에 이름을 올리는 사우스웨스트항공(Southwest Airlines)이 바로 이런 선순환을 실현한 곳입니다.

사우스웨스트항공은 능력개발을 우선하고 적절한 권한 이양으로 소통에 힘을 더했으며 즐거운 직장 만들기를 통해 종업원을 대우한 결과 고객 만족도를 높이는 데 성공했습니다.

야마토 운수의 오구라 마사오 전 사장도 택배라는 신사업을 시작하기에 앞서 '서비스가 먼저, 이익은 나중', '사원이 먼저, 화물은 나중', '차가 먼저, 화물은 나중', '안전이 우선, 영업은 그다음' 등 고객 만족도 향상으로 이어지는 구조에 우선 투자하는 전략을 세웠고 이는 후일 대성공으로 이어졌습니다.

MBA 교수의 조언

고객 만족(CS)과 종업원 만족(ES)의 선순환을 기대하며 증폭되는 모델을 만족거울효과(Satisfaction Mirror effect)라고 합니다.

이는 서비스 매니지먼트의 대가인 제임스 헤스켓(James L. Heskett)* 교수가 제창한 것으로, 서비스업 종사자라면 꼭 기억하시길 바랍니다.

키워드 사우스웨스트항공, 야마토 운수, 오구라 마사오, 종업원 만족(ES), 만족거울효과, 제임스 헤스켓

---

* 하버드 경영대학원의 명예교수로, 1965년 이후로 마케팅, 비즈니스 로지스틱스, 서비스 운영관리, 비즈니스 정책, 서비스 관리, 경영관리를 가르쳤다.

논리적 사고

문제 해결

경영 전략

Chapter 4
마케팅

리더십

조직

045 고객을 비즈니스 협력체 위치에 두어라

고객은 신이 아니다

예부터 일본에서는 '고객은 신이다'라고 했습니다. 해외기업 중에는 '고객은 늘 옳다'는 표어를 사무실에 내건 곳도 있습니다. 그러나 고객에게 지나치게 휘둘리면 여러 불상사가 발생하며, 앞서 설명한 혁신의 딜레마에 빠지게 되고 기업을 쇠퇴의 길로 인도하기도 합니다.

이러한 함정을 피하고 고객과 거리를 적절히 두어야 합니다. 때에 따라서는 고객도 선별하며 전체적인 이익 최대화를 도모하자는 것이 취지입니다.

고객을 비판 없이 무제한 수용하여 아무리 예의 바르게 대우해도 다음과 같은 단점은 있습니다.

1. 대응에 높은 비용이 든다

특히 요즘은 진상 고객으로 대표되듯이 악성 민원을 접수하는 고객이 증가하고 있습니다. 그렇다고 과도하게 대응하다가는 비용만 커집니다. 또 무례한 고객에 일일이 대응하다가 종업원의 근무 만족도가 내려가면 이내 고객 만족도 저하로 이어지게 됩니다.

2. 고객 만족도와 브랜드 이미지를 훼손하기 쉽다

제품 유형에 따라 다르지만, 본래 자사 제품과 서비스를 사용하길 바라는 고객층과는 이질적인 고객이 증가하면 다른 고객의 만족도가 저하하고 브랜드 이미지가 하락하게 됩니다.

3. 고객을 위한 일이 아니다

예를 들어 대학교육은 본래, 고객인 학생의 지식과 기술 함양이 목적입니다. 한편 학생은 놀고 싶다, 대충하고 싶다는 마음이 간절합니다. 이러한 요구에 안이하게 영합하면(예: 과제물로 시험 대체) 중요한 지식과 기술을 익히지 못합니다. 장기적 측면에서 고객을 위한 일도 아니며, 기업의 경쟁력도 빼앗겨 버립니다.

고객은 기업에 이익을 가져다주므로 불성실하게 대응해서는 안 됩니다. 하지만 고객을 비판 없이 무제한으로 수용하여 요구에 대응하면 위와 같은 단점이 발생합니다.

적절하게 균형 잡기는 쉽지 않지만, 기업의 이익 극대화라는 관점은 항상 명심해야 합니다.

논리적 사고

문제 해결

경영 전략

Chapter 4
마케팅

리더십

조직

MBA 교수의 조언

기업에게 고객은 단순히 자금의 원천일 뿐 아니라, 그림 16에서처럼 의미가 다양합니다. 이러한 고객의 기능과 역할을 깊이 의식하며 최적의 고객 포트폴리오를 만들고 고객과의 접점을 구축하여 잘 활용하시길 바랍니다.

그림 16 고객의 의미

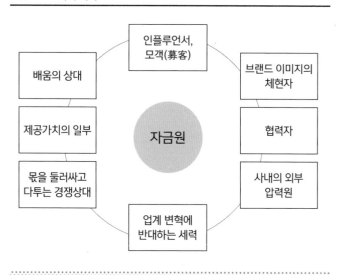

키워드 진상 고객, 브랜드 훼손, 고객 포트폴리오, 고객 접점, 인플루언서

Chapter 4
마케팅

Chapter
05

리더십

사람이 움직이지 않으면
어떤 일도 실현되지 않는다

사람이 움직이지 않으면
어떤 일도 실현되지 않는다

경영 전략과 마케팅이 빈약한 기업이 장기간 번영하기란 어지간히 강한 규제로 지켜진 업계가 아닌 이상 매우 드뭅니다.

만약 경영 전략과 마케팅이 제대로 세워졌다면 조직이 번영할까요? 대답은 'No'입니다. 요즘 비즈니스 환경에서 살아남으려면, 훌륭한 전략과 마케팅 계획은 물론 일하는 사람들의 의욕이 높고 똑같은 추진력이 투입되어야 합니다.

그렇다면 사람들이 움직이기 위해서는 무엇이 필요할까요? 조직구조, 평가와 장려 구조 등도 중요하지만, 무엇보다 가까이에 있는 상사의 행동이며 발언, 사람의 마음을 헤아리는 본연의 커뮤니케이션 모습이야말로 사람을 직접적으로 자극합니다.

'A씨가 하는 말이라면 언제든지 노력하겠지만, B씨라면 노력하고 싶지도 돕고 싶지도 않다'라고 말하는 모습을 많이 보았습니다. 만일 주변에 B씨처럼 보였다면 아무리 뛰어난 계획이라도 당신을 따르는 사람은 한 명도 없을 겁니다. 사업가로서의 가치도 한없이 하락하게 될 것입니다.

사람을 움직이게 하는 능력은 선천적으로 타고났다면 수월하겠지만, 후천적으로 배울 수 있는 길도 열려 있습니다.

이 책에서는 최고 경영자의 관점보다는 직급이 낮은 사람도 실천할 수 있는 리더십론에 집중했습니다.

5장에 담긴 힌트를 마음에 새겨둔다면 사람들이 당신의 기대대로 움직여 줄 가능성이 훨씬 커질 것입니다. 이 장에서는 사람과 접촉할 때 반드시 갖추어야 할 기본을 소개하겠습니다.

Chapter 5
리더십

046

중요한 일은 몇 번이고
반복해서 일러두어라

백 번 말해야 한 번 전달된다

직장에서 흔히 있는 문제가 '요전에 메일 보냈는데 제대로 읽지 않은 네 탓이다', '저번에 말했을 텐데' 입니다.

그러나 이렇게 발언하는 사람은 비즈니스 리더로서 자격 미달입니다. 사람은 한 번 들었거나 메일 한 통 읽은 정도로는 쉽게 기억하지 못합니다.

'백 번 말해야 한 번 전달된다'는 말은 조금 과장된 표현일지도 모릅니다. 하지만 현실적으로 중요한 일이라면 '열 번 말해야 한 번 전달된다'라는 마음가짐으로 끈질기게 소통해야 합니다. 특히 상대가 젊고 초보자거나 반대로 너무 바쁜 관리직일 때 해당합니다.

전 GE의 최고 경영자였던 잭 웰치(Jack Welch)는 한때 식스 시그마(Six Sigma)를 전략의 축으로 삼고 입을 뗄 때마다 '식스 시그마'를 외쳤다고 합니다. 그 횟수가 무려 수백만 번에 이른다고 하죠.

GE처럼 거대한 조직의 최고 경영자로서 말단직원에게까지 전략을 전달하려면 '귀에 딱지가 생길 정도'의 빈도수가 필요하다고 생각했기 때문입니다.

또 전달뿐 아니라 이해시키는 일 역시 매우 중요합니다. 사람은 설명을 바라는 동물이자 수긍해야 열심히 일하기 때문이죠.

중요한 일일수록, 상대의 관점에서 전략에 대한 이해도와 동기를 충분히 이해시킨 후에 의의나 목적, 수법 등을 꼼꼼하게 설명하여 동의를 구합니다.

때에 따라서는 그림이나 사진을 보이기도 하고 직접 시연하면서 시각에 호소하는 방법도 매우 효과적입니다(기본 56 참조). 머리뿐 아니라 마음에도 잔상이 남는 시각적인 요소는 직접 해 보고자 하는 동기 유발로 이어지는 경우가 매우 많기 때문입니다.

논리적 사고

문제 해결

경영 전략

마케팅

Chapter 5
리더십

조직

키워드 잭 웰치, 시각적 요소

인간은 감정의 동물이다

사람은 맥락이 아무리 합리적이라도 그대로 움직이지는 않습니다. 감정이 방해하기 때문입니다.

감정에도 종류가 다양합니다만, 사람을 움직이려는 만큼 상대의 메시지를 귀담아듣고 상대의 자존심을 세워줘야 합니다.

비즈니스에서 '공포'와 같은 원시적인 감정의 방해로 행동에 나서지 못하는 경우는 사실 거의 없습니다. 대개는 '저 사람 때문에 체면이 서질 않으니 협조하고 싶지 않다'와 같이 남의 눈에는 어린애처럼 보이는 이유이기도 합니다. 이런 이유로 일이 진척되지 않은 경험이 여러분에게도 있을 겁니다.

사람은 자존심이 있는 동물입니다. 합리성만을 강조하여 설득한다고 그/그녀가 기분 좋게 움직여 주지 않습니다.

자기 자신부터 공평하고 솔직하게 대한다는 마음가짐으로 상대의 감정을 최대한 배려하면서 합리적으로 설명하는 것이 중요합니다.

MBA 교수의 조언

이외에도 기억해야 하는 감정으로는 다음의 두 가지를 꼽을 수 있습니다.

1. 신뢰

인간은 자신이 상사와 선배로부터 신뢰받고 있는지를 매우 민감하게 살피는 동물입니다. '이 사람을 나를 신뢰하지 않는다'라고 느끼면 업무를 향한 열의가 잦아들고 '이 사람을 위해서 노력해야겠다'라는 마음이 들지 않습니다.

최근 리더십 행동의 중요한 요소로 권한 이양(empowerment)이 있습니다. 권한 이양에는 기술적인 요소도 있지만, 상대방에 대한 신뢰감이 바탕에 있습니다. 상대에 대한 신뢰가 이쪽에 대한 신뢰로도 연결되고, 감정을 좋은 방향으로 이끌어줍니다.

2. 공감

서툰 동정은 긁어 부스럼을 만들 가능성이 큽니다. 하지만 상대가 힘든 상황에 직면했다면 그의 마음을 헤아리고 따뜻하게 보듬으며 공감해 주어야 합니다. 이는 자신에 대한 신뢰를 크게 좌우합니다.

키워드 자존심, 공평, 권한 이양, 신뢰, 공감

048

리더십은 학습이
가능하다

리더로 태어나는 게 아니라
리더로 자라는 것이다

리더십 연구는 특히 20세기가 되고부터 미국을 중심으로 진행되었는데, 처음에는 특성이론*이라고 부르는 가설이 지지받았습니다. 즉 '리더는 선천적인 특성이 있다', 다시 말하면 '리더는 리더로 태어난다'라는 가설입니다.

하지만 연구가 진행되면서 가계와 부모의 직업 등은 개인의 리더십에 크게 영향을 미치지 않는다는 것이 밝혀졌습니다. 물론 전혀 없다고 할 수는 없지만, 비중이 높지는 않다는 의미입니다.

이러한 결과를 바탕으로 리더십 비전을 제시하고 부하 직원을 고무시키며 적절한 피드백을 주는 것 등은 선천적인 것이 아니라 후천적으로 학습 가능한 기술, 행동 양식이라는 사고가 정

---

* 뛰어난 리더의 공통된 속성이나 특성을 연구하는 것을 말한다. 특성이론에서는 뛰어난 리더에게 실행력과 부하 직원에 대한 배려, 공정한 입장, 폭넓은 지식 등의 특성이 있다고 주장한다. 그러나 뛰어난 리더를 증명하려면 특성이론에서는 불충분하다는 점이 알려지고 이후 행동이론, 조건적합이론, 경로 목표 이론(path-goal theory) 등으로 발전했다.

착했습니다.

　문제는 리더십을 리더라는 사람에게 집중하지 않고 기술 혹은 행동 양식으로 간주했다는 점입니다.

　태어나면서부터 리더의 자질이 있어서 리더답게 행동하는 게 아니라, 그것을 배우고 신장시킬 수 있다고 본 점이 참신했던 것이죠.

　이러한 사실은 앞으로 비즈니스 현장에서 결과를 내고 싶은 많은 사람에게 큰 격려가 되지 않을까요? '나는 리더십이 없다'라고 생각했던 사람도 제대로 학습하면 리더십을 발휘할 수 있습니다.

　또 상사의 입장에 서면, 부하 직원이 리더십을 발휘하도록 능력을 개발하는 일의 중요성을 깨닫게 됩니다. 기업 입장에서 희소 자원은 물건이나 돈 이상으로 사람, 특히 리더십을 발휘하는 인재입니다.

　리더 육성으로 정평이 난 GE에서는 '자네는 몇 사람이나 리더로 키웠는가?'라고 발언해서 화제가 되었습니다.

　차세대 리더를 키우는 일도, 리더의 중요한 역할이며 리더는 당연히 학습 가능한 기술입니다.

논리적 사고

문제 해결

경영 전략

마케팅

Chapter 5
리더십

조직

키워드 특성이론, 리더 육성

좋은 리더가 되려면,
좋은 팔로워가 되어라!

최근에 팔로우십(followship)이라는 말을 자주 사용합니다. 리더의 반대인 팔로우의 입장에서도 바람직한 행동 양식이 있다는 것입니다.

문제는 팔로우십과 리더십은 상관관계가 높다는 것인데요, 특히 젊어서 바람직한 팔로우십을 발휘했던 인재는 나중에 리더 자리에 섰을 때도 바람직한 리더십을 발휘할 가능성이 큽니다.

팔로우십도 다양하게 연구되고 있는데, 그중에서도 로버트 켈리(Robert Kelly)의 분류가 가장 유명합니다. 그는 독자적인 비판적 사고의 정도와 관여의 적극성이라는 두 개의 축을 상정하여 매트릭스를 만들었고 두 축이 모두 높은 팔로워를 모범 팔로워로 규정했습니다.

모범적인 팔로워는 다음과 같은 특성이 있습니다.

그림 17 **팔로워의 분류**

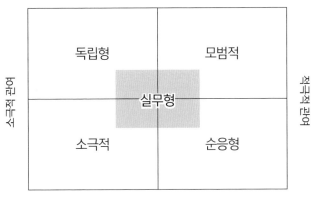

독자적인 비판적 사고

독립형   모범적

소극적 관여   실무형   적극적 관여

소극적   순응형

의존적이고 무비판적인 사고방식

출처: 로버트 켈리 《지도력 혁명》

- 업무에서 부가 가치 창출에 집중하여 완성한다.
- 인간관계를 잘 맺으며 팀 내, 팀 외, 리더와도 관계가 좋다.
- '용기 있는 양심'이 있어서 때로는 리더에게 직언을 서슴지 않는 등, 시야를 넓혀서 사물을 조망하는 능력이 있다.

이러한 인재로 남으려는 노력과 인식이 리더십으로 이어진다는 점에서 매우 수긍할 만합니다.

키워드   팔로우십, 모범적 팔로워, 용기 있는 양심, 넓은 시야

050 먼저 모범을 보여라

사람을 움직이려면
모범을 보이는 방법밖에 없다

이는 노벨 평화상을 받은 철학자이자 의학자인 알베르토 슈바이처(Albert Schweitzer) 박사가 한 말입니다.

이밖에 모범을 보이는 일이 얼마나 중요한지를 강조한 사람은 수없이 많습니다. 일본의 야마모토 이소로쿠 장군은 "해 보고, 말로 타이르고, 시켜 보고, 칭찬해야 사람은 움직이는 법"이라고 말했습니다. 맨 처음에는 자신이 직접 해 봐야 한다는 말에는 시사점이 많습니다.

모범을 보이면 다음과 같은 장점이 있습니다.

1. 구체적으로 이미지를 떠올리기 쉽다

특히 처음 경험하는 일 앞에서 사람은 방법이 시각적으로 떠오르지 않으며, 어디가 어려울지도 모릅니다. 이 일을 했을 때 어떤 이익이 생길지에도 자신이 없습니다. 먼저 해 보면 구체적인 이미지를 떠올리는 데도 효과적입니다.

2. 설득력이 높아진다

지금까지는 방법에 관한 이야기였는데, 그 이상으로 자세와 태도, 일상행동에서 모범을 보여야 합니다. 부하 직원에게 '메일은 24시간 이내에 반드시 회신하도록'이라고 지시하던 상사가 막상 본인은 지키지 않는다면 설득력이 있을 리없습니다. '본인이나 잘하라'라는 식으로 없느니만도 못한 룰을 지킬 사람은 없습니다.

사람이 갖춰야 할 자세와 태도 등을 지도하려면 역시 스스로가 모범을 보이고 어떤 효과가 있는지 제대로 보여주어야 합니다.

대개 사람들은 2번처럼 행동하는 경향이 있는데, '라떼는 말이야'라는 식의 말투를 고집하면 신뢰를 잃게 됩니다. 신입 사원에게 무언가를 강제하는 한편, 자기 자신에게는 '내가 신입일 때는 늘 했다. 이제는 안 해도 돼'라고 주장하는 식입니다.

성인이 된 사회인이 아무렇지도 않게 '라떼는 말이야' 식으로 대화하는 모습은 자기 편의주의로 보일 뿐입니다. 거시적인 관점에서 모범을 보이지 않는 자신이 어떤 사람으로 보일지 객관적으로 바라보고 개선해야 합니다.

키워드 야마모토 이소로쿠, 라떼는 말이야, 자기 편의주의

논리적 사고

문제 해결

경영 전략

마케팅

Chapter 5
리더십

조직

051

업무에 어떤 의미를 덧붙이느냐에 따라
사람의 의식과 행동이 좌우된다

자신의 일에 의미를 부여하라

겉보기에 같은 일을 해도 어떻게 바라보는가, 어떤 의미를 덧붙이냐에 따라 의욕과 행동에서 차이가 나기 마련입니다. 소제목은 이를 나타내는 우화에서 발췌한 문장입니다.

우화의 내용은 다음과 같습니다. 물론 몇 가지 다른 버전도 있습니다만, 가장 인상적인 것을 골랐습니다.

어떤 사람이 돌을 쌓는 장인 세 사람을 발견했습니다. 그는 첫 번째 사람에게 "당신의 직업은 무엇입니까?" 하고 물었습니다. "보시다시피 돌을 쌓고 있습니다."라고 대답했습니다. 두 번째 장인에게 같은 질문을 하자 그는 이렇게 대답했습니다. "건물을 짓고 있습니다." 세 번째 장인은 다음과 같이 대답했습니다. "제 일이요? 대성당을 짓는 일입니다."

이 중에서 세 번째 장인이 가장 활기차게 일하고 있었다는 것은 말할 필요도 없습니다. 목적의식이 다르거나 전체에서 자기의 위치를 이해하느냐 못하느냐에 따라 동기 부여의 정도는 크게 달라집니다.

실제로 행동도 다릅니다. 세 번째 장인은 자신의 일이 대성당 건축이라고 생각하므로 근처에서 점토를 이기던 사람에게 곤란한 일이 생기면 다가가서 도와줄지도 모릅니다. 반대로 첫 번째 장인은 다른 일을 하는 사람이 곤란에 처해도 방관할 가능성이 큽니다. 흔히 말하는 '수비 범위'가 좁아지기 때문입니다.

조직도 마찬가지입니다. 사장의 명함 정리를 맡은 신입사원이 자신의 일을 명함 정리라고 치부해 버리면 그 시간이 매우 고통스럽습니다.

그러나 자신의 일을 최고 경영자의 판촉 활동의 효율화와 기업 브랜딩의 바탕을 마련하는 작업이라고 여긴다면 의욕도 높아지고 아이디어를 내서 더 잘하고 싶어집니다.

자기 자신의 의욕 향상, 즉 동기 부여(self-motivation)를 해야 합니다. 타인에게 일을 부탁할 때 좋은 결과를 남기기 위해서라도 자신의 일에 의미를 부여하는 것이 얼마나 중요한지 꼭 알아두시기 바랍니다.

논리적 사고

문제 해결

경영 전략

마케팅

Chapter 5
리더십

조직

키워드 의미부여, 목적의식, 수비 범위, 동기 부여

052 피드백 부족이라는 함정을 피하라

피드백에 과잉은 없다

여러분도 업무 중에 피드백하거나 받은 적이 있을 겁니다.

피드백은 상대의 좋은 점을 바르게 평가하고 부족한 부분이 있으면 이유를 함께 생각하는 등 일을 원만하게 진행하고 기술 향상과 동기 부여를 위해 매우 중요한 행위입니다.

그런데 많은 관리직을 조사해 보니, 피드백의 양이 압도적으로 적다는 것이 판명되었습니다. 관리직이라면 피드백에 시간을 할애하는 게 당연합니다.

피드백이 적으면 어떤 일이 생기는 걸까요? 다음 사례를 들어보겠습니다.

1. MBO며 연례회견장에서야 견해 차이가 표면화된다

MBO(Management By Objectives)는 종업원에게 업무목표만을 지시하고 그 달성방법은 종업원에게 맡기는 관리방법을 말합니다.

부하 직원은 매우 노력했다며 자부하고 있는데, 사사분기나 1년에 한 번 있는 공식적 미팅 자리에서 처음 '부족했다' 등의 평가를 들으면 얼마나 곤혹스러울까요? 서로에게 불행한 일일 것입니다.

평소에 짧은 시간이라도 좋으므로 일대일 미팅을 진행하여 기대치와 평가를 대조 분석해야 합니다.

2. 지도력이 발전하지 않는다

업무수행이 잘 안 되는 사람에게 피드백을 주면 기술적으로든 정신적으로든 부담이 되곤 합니다. 이를 겁내다 보니 피드백 회수가 줄어드는 것입니다.

피드백을 잘 하는 데에도 관찰력, 소통력 등 많은 기술이 필요합니다. 이러한 기술들의 종합체인 지도력을 키우기 위해서라도 피드백에서 도망치면 안 됩니다.

키워드 일대일 미팅

떠들지 마라, 들어라

지도 경력이 길지 않은 관리직이며 선배 사원들은 자신의 이야기만 늘어놓는 함정에 자주 빠집니다. 상대는 오로지 들어야만 하는 상황이 됩니다.

이래서야 부하 직원이 어떤 문제로 고민하고 있는지 알 수 없고 해결도 되지 않습니다. 또 부하 직원은 자신의 이야기를 하지 못하므로 마음만 답답해질 뿐입니다.

이러한 상황을 방지하기 위해서 소통하는 시간 대부분을 '**경청**'와 '**질문**'에 할애하기를 권장합니다.

· 경청

경청은 상대가 하는 말을 들어주는 일입니다. 자신이 이야기하는 시간과 상대의 시간이 꼭 균형적일 필요는 없지만, 일반적으로 전체시간의 60~70퍼센트는 상대에게 주라고 합니다.

그러면 상대는 '하고 싶은 말을 했다'라고 느낄 것이고 '그/그녀는 말을 들어주는 사람이다. 대하기 편하다'라는 인상을 주게됩니다.

・질문

부하 직원과 미팅에서 하는 질문은 이른바 코칭의 한 기술입니다. 코칭에서는 상대에게 먼저 해답을 제시하지 말라고 합니다. 어디까지나 힌트를 주는 수준을 유지하면서 스스로 해법을 찾아내기까지의 도우라고 합니다.

왜 이처럼 답답해 보이는 일을 하는 걸까요? 사람은 상대가 먼저 답을 알려주면 금방 잊어버리는 경향이 있습니다. 그러나 생각 끝에 스스로 도달한 답은 오래 기억하기 때문입니다.

다만, 효과적으로 질문하려면 상대의 이해도와 주어진 상황을 있는 그대로 받아들여야 합니다. 물론 질문하는 방법도 연습해야 합니다.

이러한 경청과 질문은 쉽지 않습니다. 쉽지 않아서 더욱 제대로 익혔을 때 얻어지는 효과는 매우 클 수밖에 없겠죠?

Chapter 5
리더십

키워드 경청, 질문, 코칭, 힌트

054 상대와 자신의 능력 향상, 일석이조를 실현하다

가르치는 게 최고의 학습법이다

사람에게 무언가를 가르친다는 행위는 가르치는 중에 자신이 부족했던 부분을 깨닫게 되고 다시 배운다는 점에서 매우 중요합니다. 또한, 상대에 대한 이해도 깊어집니다.

상대의 기술 향상은 물론 자신도 학습하게 되므로 가르치는 데서 뿜어 나오는 에너지를 적극적으로 활용하여 부하 직원에게도 가르치게 하라는 것이 제목의 뜻입니다.

팀 전체의 기술 향상은 생산성 증대로 이어지고 가르친 상대와의 일체감도 생겨나는 등 부차적인 효과도 기대할 수 있습니다.

가르칠 때는 앞에서 언급한 코칭 기법을 이용하면 효과는 배가됩니다. 다만, 준비에는 시간을 충분히 할애해야 합니다. 임시변통 식의 질문에는 상대도 제대로 사고하지 못합니다.

물론 처음부터 완벽한 사람은 없습니다. 경험을 쌓으면서 질문하는 힘을 키워가면 됩니다.

MBA 교수의 조언

가르친다는 행위와 유사한 일이 매뉴얼 작성입니다. 매뉴얼을 작성하면 업무의 효율화라는 직접적인 효과 외에도 다음과 같은 장점이 있습니다.

- 업무나 전제가 되는 전략, 기업의 목적에 관한 이해가 깊어진다.
- 맥락을 파악하여 사고하고 표현하는 힘이 생긴다.
- 그 일을 할 필요성이 줄어들어 새로운 일에 시간을 쓸 수 있다.

이 역시 혼자서 하는 게 아니라, 부하 직원과 작업을 분담하면 일체감이 생길뿐만 아니라 서로의 의견 차이를 좁힐 수 있고 멘탈 모델(mental model)이 갖춰지는 등 부차적인 효과도 있습니다.

매뉴얼을 작성하라고 하면 언뜻 엄두가 나지 않은 작업일 수도 있지만, 투자 대비 효과가 적지 않습니다. 기회가 있다면 꼭 도전해 보시기 바랍니다.

키워드 매뉴얼, 사고

논리적 사고

문제 해결

경영 전략

마케팅

Chapter 5
리더십

조직

055 대립에도
장점이 있다

대립을 배제하기보다
수용하고 조화시킬 줄 알아야 한다

대립(conflict)이라는 말은 일반적으로 좋은 인상을 주지는 않습니다. 그러나 세상에는 대립이 다음과 같은 긍정적인 효과를 만들어 내기도 합니다.

· 한층 고차원적 타결점을 찾은 결과, 바람직한 착지점에 다다른다. 때로는 변증법적으로 새로운 사고에 이른다.
· 논의가 활성화되고 사물의 본질에 관한 이해가 깊어진다.
· 서로가 절차탁마(切磋琢磨)하여 전체 수준이 높아진다.

소제목은 마쓰시타 전기(현 파나소닉)의 창업자인 마쓰시타 고노스케가 한 말입니다. 이 말은 다음처럼 이어집니다.

"그러니까, 배제하려고 애쓰기보다 어떻게 수용하고 조화를 이룰 것인가에 마음을 쓰면 좋겠다."

이는 현재 주목받고 있는 다양성의 수용과 활용으로 이어지는 사고라고 하겠습니다.

쇼와 시절 자유민주당(自由民主堂, 현 자민당)은 대립을 전체 조직의 에너지로 삼았습니다. 1955년 결성 당시부터 파벌이 다수 존재했으나 때로는 협력하고 반목하면서도 절차탁마를 게을리하지 않았던 것이 오랫동안 수권정당의 역할을 해오게 된 원동력이 되었습니다.

그러나 모든 대립이 건전하며 바람직한 결과를 만들어 내지는 않습니다. 개중에는 불필요한 대립도 존재합니다. 사물과 기법에 관한 긍정적인 대립이 아니라 감정적인 대립, 자신을 보호하기 위한 대립 등 부정적인 동기에서 출발하는 경우입니다. 이런 부정적 대립은 당연히 이른 단계에서 싹을 도려내야 합니다.

처음에는 작게 시작한 대립도 커질수록 감당하기 힘들어집니다. 때때로 원한과 질투와 같은 감정은 매우 큰 부정적인 에너지를 만들어 낸다는 점을 의식하시기 바랍니다.

논리적 사고

문제 해결

경영 전략

마케팅

Chapter 5
리더십

조직

키워드 대립, 절차탁마, 다양성

056

사람의 행동을 바꾸는 열쇠는
시각과 마음으로의 호소다

보고, 느끼고, 변화한다

소제목은 리더십론과 기업혁명론으로 저명한 존 코터(John Kotter) 교수가 저서 《마음의 변화: 조직을 변화시킨 사람들의 진짜 이야기(The Heart of Change : Real-Life Stories of How People Change Their Organizations)》 마지막 장에 쓴 말입니다.

사람 행동에 변화를 주려고 할 때는 관성의 법칙이 작용하여 잘 바뀌지 않습니다. 그럼에도 분석하고 합리성으로 호소해 본들 효과는 크지 않습니다. 시각과 마음을 향한 호소만이 사람들을 새롭게 행동하게 만드는 열쇠입니다.

극단적이긴 하지만, 시각에 호소하는 방법은 사람들의 주목을 받습니다. 구체적으로는 다음과 같습니다.

· 고객의 불만을 크게 적은 대자보
· 위기감을 조성하는 듯한 그래프(예: 이익률과 고객 만족도가 우하향 된 그래프), 성공을 나타내는 그래프
· 이해관계자가 보낸 칭찬의 목소리를 적은 보드

관심이 있어야 행동이 바뀌는 법, 매우 중요한 대목입니다. 이러한 방법들은 행동의 변화를 저해하려는 감정, 현실에의 안주, 근거 없는 자존심 등을 억제하는 효과도 있습니다. 동시에 그래프나 대자보를 보면 긍정적인 감정, 열정이며 좋은 의미의 자존심, 희망 같은 것이 생겨나기도 합니다.

사람의 감정에 영향이 미쳐서 마음이 바뀌면 행동도 바뀝니다. 새로운 행동이 다음 결과를 만들어 내고 다시 다음 행동을 재촉하는 선순환이 만들어지게 됩니다.

코터 교수는 소제목을 어느 정도 규모가 있는 조직의 변혁을 전제로 소개하고 있습니다만, 규모가 작더라도 사람들의 행동 변화에 응용할 수 있습니다.

정도의 차이는 있겠지만, 먼저 시각에 호소하여 마음을 움직이는 방법은 여러 방면에서 효과적이라고 생각해도 무방합니다.

논리적 사고

문제 해결

경영 전략

마케팅

Chapter 5
리더십

조직

키워드 존 코터, 관성의 법칙, 위기감 조성, 가시화, 선순환

Chapter
06

조직

뛰어난 조직의 구조가
경쟁력을 향상시킨다

뛰어난 조직의 구조가
경쟁력을 향상시킨다

5장에서는 대인 커뮤니케이션과 리더십으로 사람들이 자극을 받아 행동하게 만드는 비결을 소개했습니다.

그러나 개인의 노력만으로 조직의 생산성을 향상하는 데는 역시 한계가 있습니다. 기업이 확장되거나 직장의 담당 범위가 확대되면 개인의 속인적(인간관계적 요소가 중심) 리더십과 노력을 보충해 주는 조직의 구조가 중요해집니다.

구체적으로 조직의 구조(조직도)나, 채용과 배치, 육성, 평가 및 인센티브, 근태 등의 인사시스템이며 조직문화 등이 서로 연계하여 조직의 확대 재생산과 자율적 발전을 촉진하는 토대가 되어야 합니다. 자기 목적하에 조직제도를 유지해도 안 되므로, 그때그때의 경영상황을 반영한 전략과 지향하는 비전을 일치시켜야 합니다. 이런 내용을 고차원적으로 실현하는 일이 인사부는 물론 경영자의 역할이기도 합니다.

이러한 제도들을 상세히 설명하자면 두꺼운 책 한 권 분량은 되겠지만, 이 책에서는 조직구조에 대해서 깊이 파고들기보다는 그 중요성을 독자 여러분께서 알려드리려고 합니다.

논리적 사고

문제 해결

경영 전략

마케팅

리더십

Chapter 6
조직

057 조직은 전략수행에
적합해야 한다

조직은 전략을 따른다

이 말은 경영학 교수이자 경영 사상가인 알프레드 챈들러
(Alfred DuPont Chandler, Jr.)가 저서 《전략과 구조(Strategy and Structure)》
에서 한 말입니다.

소제목에서도 알 수 있듯이 챈들러는 주로 조직구조를 주제
로 삼았습니다. 대체로 광의의 인사시스템이며 조직문화 등도
포함되는 조직은 전략수행에 적합해야 한다고 주장합니다.

예를 들어 제품(하드웨어) 판매를 목표로 삼지 말고, 먼저 솔루
션을 판매하고 그에 따른 제품 판매를 새 전략으로 세운다면 조
직도 그에 맞춰 변화해야 합니다.

일례로 다음과 같은 전략 수립이 필요해집니다.

· 조직구조를 제품별 조직에서 업계별 조직으로 변경한다.
· 평가구조를 제품매출이 아니라 고객 만족도나 고객별 매출
  과 연동시킨 매출로 변경한다.
· 컨설팅 영업 교육을 늘린다.
· 조직문화를 고객 제일주의로 바꾼다.

조직과 전략은 당연히 수미일관(처음부터 끝까지 일관성 있는 모습)해야 합니다. 하지만 조직에는 관성이 작용하므로, 전략의 변화가 조직의 변화로 쉽게 연결되지는 않습니다. 일련의 변화를 얼마나 속도감 있는 동시에 혼란을 줄여가며 이행하느냐가 경영자에게 주어진 과제이기도 합니다.

MBA 교수의 조언

'조직은 전략을 따른다'라는 주제는 매우 중요한데, 경영학자 이고르 앤소프(Igor Ansoff)는 '전략은 조직을 따른다'라고 말했습니다. 전략은 조직이 기획하므로 당연히 조직 본연의 모습이 반영된다는 뜻입니다. 위험을 회피하는 조직문화가 뿌리 깊은 기업은 수립된 전략도 보수적으로 만듭니다.

요즘처럼 하루가 다르게 변하는 경영환경에서 조직이 주는 제약은 인식하되, 기존의 틀을 벗어나는 대담한 전략 수립을 통해 조직을 바꿔 간다는 발상이 매우 중요해졌습니다.

키워드 알프레드 챈들러, 이고르 앤소프, 조직의 관성

30년간 성장한 기업에는
메커니즘이 있다

소제목은 마이크로소프트 창업자로 유명한 빌 게이츠(Bill Gates)가 한 말입니다. 그의 주장을 단적으로 설명하면 다음과 같습니다.

'벤처기업의 성장은 당연한 일이다. 극단적으로 말하면 시스템이 뛰어나지 않아도 리더의 속인적 노력으로 어떻게든 유지된다. 그러나 30년, 아니 그보다 오래 성장해 온 기업에는 성장을 지탱해 온 우수한 구조며 메커니즘이 존재한다.'

여기에 등장한 메커니즘이란, 6장 서문에서 이야기한 조직 구조와 인사시스템, 조직문화 등입니다. 이러한 요소들이 바탕이 된 경영이념, 즉 경영철학도 메커니즘 중 하나입니다. 이외에도 관리회계 구조나 협력사를 끌어들이는 전략상 특성 등도 해당합니다.

1960년에 창업한 리쿠르트(Recruit)는 1988년에 발생한 일명 리쿠르트 사건*으로 창업자인 에조 히로마사가 퇴임했지만, 이

---

* 1988년 6월 18일에 발각된 일본 내 뇌물증여사건. 리쿠르트의 관련사이자 미상장 부동산 회사였던 리쿠르트 코스모스 사의 미공개주식이 뇌물로 건네졌고, 뇌물을 건넨 리쿠르트 관계자와 이를 수수한 정관계 관료 등이 체포되어 정

후에 예전 이상으로 외연을 확장하고 '인재배출기업'으로서 뛰어난 인재들을 세상에 내보내고 있습니다.

이러한 배경에는 독자적인 조직문화와 조직운영 시스템이 있었습니다. 도전정신과 위험 감수, 자기 성장 의욕이라는 키워드를 꼽을 수 있습니다. 새로운 일에 대한 도전을 최우선으로 삼아 기업이 후원하는 사내공모제도 등도 충실히 운영하고 있습니다. 운영실적은 엄격하게 따지지만, 결과가 좋으면 새로운 도전을 계속할 수 있습니다.

암묵적으로 동의한 '38세 정년제도'도 조직의 신진대사를 촉진합니다. 이미 퇴사한 회사 선배들과도 유대감을 유지하며 때로는 비즈니스 파트너 관계를 맺어 새로운 비즈니스가 탄생하는 독특한 생태계, 즉 에코시스템을 구축한 점도 놓쳐서는 안 됩니다.

이러한 구조는 오랜 시간 핵심이 된 엄격함과 환경 변화에 맞춰 진화하는 유연함이 절묘하게 균형을 잡아야 유지되는 법입니다. 엄격함이라고 하면 창업자의 의사를 반영한 기업이념이며, 유연함은 그때그때 채용방침이며 평가구조를 말합니다. 이러한 절묘한 조합이 조직의 지속적인 성장을 지탱하는 메커니즘입니다.

> **키워드** 빌 게이츠, 경영이념, 리쿠르트, 에조 히로마사,
> 에코시스템, 엄격한 요소, 유연한 요소

계, 관계, 매스컴을 뒤흔든 큰 사건이었다. 당시 2차 세계대전 이후 일본 최대 기업범죄이자 뇌물증여사건으로 떠들썩했다.

논리적 사고

문제 해결

경영 전략

마케팅

리더십

Chapter 6
조직

문제는 누구를 버스에 태우느냐다

《좋은 기업을 넘어 위대한 기업으로(Good to Great : Why Some Companies Make the Leap and Others Don't)》의 저자로 유명한 짐 콜린스(Jim Collins)는 채용하는 것을 '버스에 태운다'라고 비유할 만큼 채용이 조직의 운명을 좌우한다고 주장했습니다.

'누구를 버스에 태우느냐'라는 문제는 조직문화에 특히 영향을 미칩니다. 조직문화는 사람들의 행동을 크게 규정하는 이상으로, 고객에게 제공할 가치에도 간접적으로 영향을 미치는 매우 중요한 요소입니다. 조직문화가 갖춰지지 않은 기업이 오랜 시간 발전한 예는 거의 없습니다.

한 벤처기업의 채용방침을 소개해 보죠. 이 회사는 졸업예정자가 아닌 경력직 사원을 채용하기로 방침을 세웠습니다. 초반에는 인재가 부족한 탓에 기술을 중시하여 즉시 전력이 될 만한 인재를 우선 채용했습니다. 그런데 능력은 있지만, 회사가 중시하는 가치관이며 문화와 맞지 않는 사람이 적지 않았습니다.

이런 사람들은 단기간에 괄목할 만한 실적을 내놓지만, 동료들과 잘 어울리지 못하고 불필요한 알력싸움까지 조장하며 조직의 분위기를 흐립니다.

결국, 이 회사는 어느 정도 성장한 후에 회사의 가치관에 부합하느냐를 우선하여 채용하기로 방향을 전환했습니다.

물론 능력도 봅니다. 면접에서 다소 부족한 부분이 있어도 성장 가능성이 예상되면 채용한다는 방침을 세웠습니다. 장기적으로 투자 대비 효과가 높다고 판단했기 때문입니다.

하지만 현재 가치관과 조직문화에 잘 맞는 사람만 채용한다면 조직 입장에서는 다양성을 잃고 환경 변화에 대처하지 못할 가능성도 커집니다.

이를 회피하는 가장 빠른 방법은 '변화는 당연하다', '다양성을 인정하자' 등의 분위기를 조직문화에 배양해야 합니다.

남겨야 할 것과 변해야 할 것을 잘 구분해야 합니다.

Chapter 6
조직

키워드 조직문화, 가치관, 다양성

060

인사며 권한 부여 여부에 따라
사람은 성장한다

그릇이 사람을 만든다

조직에 주어진 가장 큰 책임 중 하나는 인재육성입니다. 인재육성은 연수와 같은 Off-JT, 직장 외 훈련[*] 방법도 있지만, 기본적으로는 업무 지시를 통한 OJT, 즉 현장훈련이 대부분입니다. 5장에서도 언급했듯이, 리더의 적절한 피드백과 커뮤니케이션은 매우 중요합니다.

흔히 회사들은 처리해야 할 업무에 몰두한 나머지 잘하는 사람을 그 자리에 앉히는 실수를 저지르곤 합니다. 실력이 충분한 사람에게 업무를 맡기는 셈이죠.

겉보기에는 고객과의 신용 등을 생각하면 당연한 조치라고 여겨지지만, 인재육성이라는 관점에서 보면 꼭 그렇지도 않습니다. 이 소제목은 다소 모험적이긴 하지만, 직급이 낮은 직원에게 일을 맡겨서 도전할 기회를 주어야 결과적으로 조직의 능력이 향상된다고 말하고 있습니다.

---

[*] off-the-job training, 기업 내 직원연수방식 중 하나로 직장 밖에서 강의 또는 토의를 통해 실시하는 방식. 반대로 직장 내에서의 교육 훈련은 OJT(on-the-job training), 현장훈련이라고 한다.

어려운 일을 맡기면 다음과 같은 장점이 있습니다.

- 창의적으로 아이디어를 내려고 노력한다. 그 결과 회사가 예상하지도 못한 참신한 방법론이 탄생할 때가 있다.
- 책임감이 생긴다. 또 책임이 막중하므로 스트레스에 대한 내성이 생긴다.
- 여러 사람을 감독하고 끌어들여야 하므로 운용력이 향상된다.

하지만 일이 잘 진척되지 않으면 압박감에 짓눌리게 될 위험성도 있습니다. 이러한 상황을 예방하려면 상사며 연장자의 역할이 중요합니다. 항상 일하는 사람을 주시하고 난관에 부딪혔다면 구명정을 띄워줘야 합니다.

도요타자동차는 업무할당(assignment)을 잘하기로 유명한데요, 젊은 사원에게 일을 맡기면서도 상사가 '이쯤에서 한번쯤 주저앉을 것'이라는 지점을 먼저 예상하여 실시간으로 지도합니다.

도요타가 꼭 우수한 인재만 채용하는 것은 아닙니다. 하지만 일본 내 1등 시가총액을 자랑하는 기업으로 군림하는 데는 그만한 비결이 있습니다.

키워드 인재육성, Off-JT, OJT, 업무할당, 책임, 도요타자동차

061

사람은 인센티브의 노예다

최고 경영자와 상사가 숭고한 비전을 내걸고 '함께 노력하자'라고 목청을 높이면 전 사원에게 큰 자극이 되어 영차영차 노력하게 될까요?

실제로는 그렇게 단순한 일이 아닙니다. 사람을 움직이게 하는 여러 요소 중 하나인 인센티브의 영향력과 위력을 직시할 필요가 있습니다. 역사를 돌아보면, 의도적으로 인센티브를 지급했더니 사람들은 본래의 의도와는 반대로 행동한다는 예가 셀 수 없을 정도로 많습니다.

인도에서 있었던 일입니다. 코브라 때문에 고민이었던 인도 정부는 코브라를 잡으면 상금을 주겠다는 포상금제를 도입했습니다. 과연 코브라가 줄었을까요? 실제로는 정반대의 상황이 펼쳐졌습니다.

포상금을 받기 위해서 코브라를 번식하여 사육하는 사람들이 등장한 것입니다. 당황한 당국은 코브라 포상금제를 중지했습니다. 그러자 포상금 사냥꾼들은 번식한 코브라를 풀어주었고 오히려 증가하게 되었죠.

이런 일은 기업 내에서도 자주 일어납니다. 조직 안에는 '겉보기에 합리적이어도 결과적으로 실적으로 이어지지 않는 인센티브'가 산재해 있습니다.

잔업 수당에 대해서 생각해 볼까요? 이는 원래 업무량이 많고 노동시간이 길어지는 사람들을 보상해 주는 제도입니다. 실제로는 오히려 이 제도가 효율적으로 일해서 정시에 퇴근하자는 동기를 빼앗고 있습니다. 기업의 생산성 저하도 여기에 원인이 있다고들 합니다.

또 특정 제품과 서비스(일반적으로 새로운 프로젝트) 판매에 인센티브를 과다하게 책정했더니 고객은 뒷전이고 판매에 열중하더라는 예도 있습니다.

인센티브는 사람을 움직이게 하는 데 매우 중요한 무기이므로 잘 활용해야 합니다.

다만, 균형을 잃은 인센티브, 일부 '양심 없는 사람'의 동기를 헤아리지 못한 인센티브는 악영향이 더 큽니다. '의도하지 않은 행위의 결과'에는 세심한 주의가 필요합니다.

논리적 사고

문제 해결

경영 전략

마케팅

리더십

키워드 의도하지 않은 행위의 결과

Chapter

07

정량 분석

숫자로 의사를 결정하고
사람을 움직인다

숫자로 의사를 결정하고
사람을 움직인다

숫자를 근거로 제시하면 객관성이 향상된다는 장점이 있습니다.

한 신흥 국가로 출장을 앞두고 치안이 나쁘다는 소문을 들었다고 가정해 봅시다. 타인에게 이 내용을 전달할 때 숫자를 수반하지 않으면 오롯이 공포심만 조장하게 되어 정작 필요한 주의사항은 뒤로 밀립니다. 만일 '10만 명당 살인 건수는 ○○명, 도난은 △△건. 범죄율은 우리나라보다 몇십 배 높다'라는 식으로 근거가 있다면 누구에게든 같은 정보를 전달하기 수월해질 것입니다.

양적인 내용은 이미지를 떠올리기 쉽고 적절한 조치로 이어지는 장점이 있습니다.

영업 회의에서 '목표까지 아직 멀었다. 무조건 노력해라'라는 말을 듣는다면 담당자는 당황할 뿐입니다. 대신에 '목표까지 10% 남았다. 각자 잘 행동하도록'이라고 한다면 남은 10퍼센트 달성을 위한 방법을 찾아내려고 노력하지 않을까요?

정량 분석이란 비즈니스에서 다루는 숫자를 말합니다. 어떤 목적을 가지고 숫자를 수집하여 분석 및 가공하고 최종적으로 그래프 등으로 가시화하여 의사결정을 내리기도 하고 설득의 재료로 쓰기도 합니다.

정량 분석은 제대로 사용하면 매우 강인한 무기가 되지만, 함정도 많은 것이 특징입니다.

이렇게 강한 무기인 숫자는 함정에 빠지지 않도록 더욱 조심하면서 바르게 사용해야 합니다.

회계

재무

신사업 개발

소통

062 숫자의 무서움과
한계를 의식하라

숫자를 의심하라

숫자는 잘 사용하면 객관성을 높여주는 매우 강력한 무기입니다. 그러나 효과가 높은 만큼 오용하면 손해도 큽니다.

그래서 숫자를 얼마나 조심해야 하는지, 다룰 때 무엇을 주의해야 하는지를 제대로 이해하자는 것이 소제목의 취지입니다. 다음으로 흔히 겪는 함정을 소개하겠습니다.

1. 틀린 숫자를 근거로 삼는다

개당 8만 원인 제품의 제조 및 판매비용이 실수로 5만 원에 계산되었다고 가정해 봅시다. 타인이 계산한 숫자는 실제와 어지간히 차이가 없는 한 의외로 검증되지 않는 법입니다. 이렇게 검증되지 않은 숫자를 바탕으로 마케팅 전략을 세운다면 어떻게 될까요? 팔수록 적자입니다.

2. 출처가 의심스러운 숫자를 근거로 삼는다

기본 5에서 소개한 확증 편향과도 연관이 있는데요, 사람은 자신에게 유리한 숫자만을 이용하려 듭니다.

'담배는 건강에 나쁜 영향을 미치지 않는다'라고 주장하는 사람이 예로 드는 데이터는 편향된, 신뢰성이 떨어지는 데이터일 때가 많습니다. 그중에는 왜곡까지는 아니더라도 관계자가 상황에 맞게 만든 데이터도 존재합니다.

3. 전제가 부적절한 숫자를 근거로 삼는다

자신의 바람을 이루기 위해서 낙관적인 숫자를 만드는 예도 있습니다. NPV(Net Present Value, 순현재가치)로 투자 여부를 판단하는 기업의 경우, NPV 계산 결과가 마이너스 값이라면 여러 낙관적인 조건을 세워서 억지로 플러스 값으로 만들기도 합니다.

이밖에도 세상에는 수상한 숫자가 여기저기에 있습니다. 정량 분석 세계에서는 'Garbage in, garbage out(쓰레기를 넣으면, 쓰레기가 나온다)'이라는 말이 있습니다. 이용하려는 숫자가 부적절하면 이후에 아무리 논리적으로 생각해도 부적절한 결론만 나온다는 뜻입니다.

겉보기에 숫자는 객관성이 높아 보이므로 더욱 '그 숫자는 진짜인가?', '전제가 적절한가?', '누가 어떤 의도로 만든 숫자인가?'라는 점을 합리적으로 의심하는 자세가 필요합니다.

키워드 출처, 숫자 작성의 의도, 계산의 전제, Garbage in, garbage out

인간의 감정과 행동을
그리면서 숫자를 보라

비즈니스 숫자는 인간의
심리와 행동을 반영한다

비즈니스에서 다루는 숫자, 예를 들면 시장 점유율이나 고객 만족도, 총매출, 이익, 인지율, 종업원 만족도 등과 자연과학 분야에서 다루는 광속, 아보가드로수(Avogadro's number)*, 분자의 질량과 크기 등의 가장 큰 차이는 무얼까요?

바로 비즈니스 관련 숫자는 모든 인간의 심리와 행동을 반영하고 있다는 점입니다.

숫자를 분석하다 보면 숫자가 무미건조하게 보인다는 분도 많으실 겁니다. 그렇게만 느낀다면 비즈니스 정량 분석 효과가 반감되고 맙니다.

숫자의 배경에 있는 인간의 의사와 행동에 집중하면서 가설을 세우고 검증하는 자세가 중요합니다(기본 15 참조).

· **왜 이 숫자가 나왔을까?**

· **왜 예측과 다를까?**

---

* 아보가드로수는 어떤 물질 1 몰(mol)에 해당하는 양에 담겨 있는 그 물질을 구성하는 입자의 개수. 기호로는 N_A, L을 주로 사용한다.

· 이렇게 행동하면 숫자가 이렇게 변할까?

위와 같은 가설 검증 정신 속에 바라보면 더욱 나은 시사점을 끌어내어 정확하게 조치할 수 있게 됩니다.

이러한 가설이 과연 인간에 대한 이해 없이 구축될까요? 비즈니스 숫자를 잘 활용하려면 사람이라는 대상에 관심을 두고 관찰해야 합니다.

최근에는 빅데이터 활용 분야가 진전하여 사람이 개입하지 않아도 컴퓨터가 알아서 데이터를 해석하고 자동으로 행동을 취하는 장면도 많아졌습니다. 구매 이력을 근거로 추천 메일(recommendation mail)을 발신하는 식이죠.

불가피한 흐름이지만 결국 알고리즘도, 현재 경영상 중요한 의사결정도 역시 사람의 손을 거쳐야 합니다. 아직 기계에는 큰 한계가 있습니다.

숫자 이면에 감춰진 고객의 의도나 경쟁사의 의도 등 감정의 여러 면을 읽어내고 해석하는 데 비즈니스 정량 분석의 묘미가 있습니다.

키워드 인간심리, 인간관찰, 빅데이터, 추천 메일, 알고리즘

064

비교 가치가 있는 숫자에서
의미를 유도해 낸다

끼리끼리 비교하라

어떤 숫자가 딱 한 개만 존재한다고 해 봅시다. 과연 이 숫자는 무슨 뜻일까요? 예를 들어 한 기업의 고객 만족도 5단계 평가에서 4.5점이 나왔습니다. 그러면 4.5라는 숫자 하나만으로는 의미를 해석하지 못합니다.

만약에 '업계 평균 고객 만족도는 4.2점', '작년 자사의 고객 만족도는 4.0'이라는 숫자가 곁들여졌다면, 비교에 따라서 '업계 평균을 웃돌았다', '고객 만족도가 작년보다 크게 향상했다'라고 해석할 수 있습니다.

'비교'는 숫자에 담긴 의미를 파악하는 데 중요합니다. 대표적으로는 경쟁사 대비, 업계 대비, 전년 대비, 목표 대비 등이 있습니다. 'Apple to apple'이라는 말이 있습니다. 이는 사과와 사과를 비교하자는 뜻으로, 적절한 비교를 통해 유의미한 차이를 끌어내자는 것입니다.

적절한 비교가 아닌 대표적인 사례는 다음과 같습니다.

- **정의가 다르다** (예: 식재료 자급률에서 일본은 칼로리 베이스이지

  만, 출고액 베이스인 나라도 있다)

- **전제가 다르다** (예: 생산성 분석에서 자사의 종업원 수는 정사원을,

  경쟁사는 정사원 이외의 사원도 합산했다)

- **대상이 다르다** (예: 닛케이 평균지수. 종목 교체와 함께 보정작업이

  이루어지므로, 엄밀히 말하면 연속성이 유지되지 않는다)

- **대상 범위가 변했다** (예: 올림픽 금메달 수. 매번 종목 수는 변한다)

현실에서는 대상을 완벽하게 비교하기란 쉽지 않아서 다
소의 편차는 생기기 마련입니다. 위의 사례라면 닛케이 평균
지수가 그렇습니다.

그러나 예를 들어, 100퍼센트의 순도로 사과와 사과를 비
교하지 못하더라도 유의미한 해석을 끌어내기 위해 사과와
오렌지를 비교하는 것과 같은 상황에 빠지지 않도록 주의해
야 합니다.

생존 편향[*]도 비교 대상의 오류에 해당하는 예입니다. '성
공한 벤처기업의 공통점은 5점 만점 종업원만족도가 4점 이
상'처럼 말입니다. 이러한 분석 결과는 여기저기에서 보이는
데, 다면적으로 실시하면 어느 정도 실마리를 얻을 수 있습

---

[*] Survivorship bias, '생존자 편향'이라고도 한다. 생존에 실패한 사람들의
가시성 결여(lack of visibility)로 인해 비교적 가시성이 두드러지는 생존자들
의 사례에 집중함으로써 생기는 편향을 말한다.

니다.

하지만 속내는 성공한 벤처기업과 실패한 곳의 차이를 알고 싶은 게 아닐까요? 만일 실패한 벤처기업도 종업원만족도가 4점 이상이라면 위의 결론은 의미가 없어집니다.

실패한 기업이나 리더에 관한 정보를 얻기 쉽지 않은 탓에 생존했거나 성공한 기업과 리더의 공통점에 주목한다는 접근법을 과도하게 사용한 예입니다.

거꾸로 바람직하지 않은 사례를 대상으로 공통점을 찾는 실수를 벌이기도 합니다. 한 학교에서 퇴학생만의 공통점을 찾는 것처럼 말입니다.

이 역시 본래는 퇴학생과 그렇지 않은 학생을 비교해야 한다는 점을 잊어버리곤 합니다. 기업의 품질관리 등도 마찬가지입니다. 이미 발생한 과실에 지나치게 집중하면 우물 안 개구리가 되어 눈에 띄는 요소를 원인이라고 착각하기 쉽습니다. 이 점을 반드시 주의해야 합니다. 올바른 비교 대상을 통해 얻은 결론인지 늘 돌이켜봐야 합니다.

MBA 교수의 조언

정의며 전제 등의 문제 이전에 비교해서는 안 되는 숫자를 비교할 때가 있습니다.

회의 개최를 앞두고 '여러분의 이번 회의 시간당 수당을 생각하십시오. 그 이상의 성과를 냅시다!'라고 말하는 사람이 있다고 가정해 봅시다. 이는 올바른 비교 대상이 아닙니다. 회의 시간 내 발생하는 인건비는 어차피 발생하는 비용이기 때문입니다.

이런 경우라면 참가자의 기회비용, 즉 다른 일을 했을 때와 회의에서의 성과를 비교해야 합니다.

키워드 apple to apple, 닛케이 평균지수, 생존 편향, 기회비용

금액, 비율, '당'

사물의 실태를 볼 때는 숫자를 다면적으로 봐야만 합니다. 특히 돈에 관한 숫자라면 금액뿐 아니라 다른 항목과 비교한 비율이나 '1인당 총매출' '평당 총매출'과 같은 생산성 등을 봐야 실태를 더욱 정확히 파악할 수 있습니다.

그림 18의 예를 봅시다. 어떤 기업의 거래처별 매출과 이익을 나타냈는데, 이 기업에게 가장 중요한 거래처는 어느 회사일까요? 또한, 가장 경영 자원을 삭감해야 하는 곳은 어느 회사일까요?

겉으로 볼 때는 매출과 이익이 가장 큰 D사가 가장 중요한 거래처라고 생각할 수 있습니다. 하지만 D사와의 거래를 최우선으로 늘리기에는 의심이 듭니다. 총매출 대비 이익률을 보면 A사, B사에 뒤떨어지고, 영업담당자 1인당 총매출이나 이익률을 봐도 4개사 중 최하위이기 때문입니다.

이익률을 높이려면 총매출 대비 이익률이 가장 높은 A사에 경영 자원을 집중해야 합니다. 효율적으로 매출과 이익액을 늘리고 싶다면 C사에 영업담당자를 추가해야 합니다. 이런 경우

그림 18 고객 비교

실적(단위) \ 고객	A사	B사	C사	D사
총매출(천만 원)	200	270	330	400
이익(천만 원)	20	25	27	36
영업담당자수(명)	5	6	6	12
총매출대비이익률(%)	10	9.3	8.1	9
1인당 총매출(천만 원/명)	40	45	55	33
1인당 이익(천만 원/명)	4	4.1	4.5	3.3

라면 총매출 대비 이익률은 하락하게 될 겁니다.

더 나은 의사결정을 내리려면 정성(定性, 성질을 밝히어 정함) 정보를 가미하거나 다른 숫자, 즉 회사별 전년도 통계치와 비교하여 성장률 등도 검토해야 합니다. 어떤 식으로든, 중시할 점을 깊이 의식하면서 숫자를 다면적으로 검토해야 적절한 의사결정을 내릴 수 있습니다.

키워드 생산성, 이익률, 성장률

'눈'으로 사고하라

정량 분석을 할 때는 본연의 숫자 데이터가 아니라 그래프화하여 시각적으로 사물을 보고 생각하는 방법이 효과적입니다. 이는 신입 애널리스트들이 초반에 훈련받는 작법 중 하나입니다. 하지만 세상 사람들 모두가 그래프 작업에 매진하지는 않습니다. 그래프 효과부터 확인해 봅시다.

상사의 지시로 여러분은 한 업계를 조사하게 되었다고 가정해 봅시다. 회사는 결과에 따라 그 분야로 진출하거나 제휴를 검토하고 있는 모양입니다. 먼저 사업상 특징을 파악하고자 주요 8개사 실적을 조사했습니다. 자, 이 숫자들로부터 여러분은 어떤 시사점을 끌어냈습니까?

	A사	B사	C사	D사	E사	F사	G사	H사
총매출(십억 원)	1500	120	950	450	270	190	660	1250
영업이익률(%)	11.0	4.5	8.8	10.5	50.	4.5	7.0	8.9

아마도 이런 '날것의 숫자'를 뚫어져라 보면서 뭔가 감을 잡은 사람은 거의 없을 겁니다. 숫자만 바라본다고 시사점이 얻어지는 것도 아니고, 타인에게 설명하기도 무척 어렵습니다. 이럴 때는 데이터를 그래프화하여 시각적으로 사물을 보는 작업이 필요합니다.

이번에는 그림 19에서처럼 가로축에 총매출을 세로축에 영업이익률을 가정하여 분산도를 그려봤습니다.

그림 19 분산도

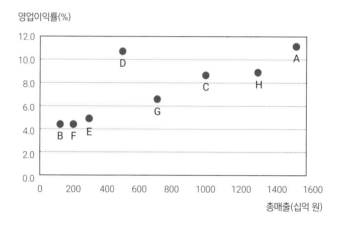

이러면 해당 업계의 특징이 잘 보이게 됩니다. 기본적으로 매출이 증가하면 이익률도 상승하므로, 이 업계는 이른바 규모의 경제가 강하게 작용하는 곳이라고 할 수 있습니다.

또, 다른 기업군과는 다른 '비정상적 수치'가 있는 기업이 한 군데 눈에 띕니다.

총매출이 4,500억 원으로 업계 중위 수준인데도 1등 기업과 거의 비슷한 이익률을 내는 D사입니다. 현 단계에서는 왜 D사가 이런 비정상적 수치를 보이는지 알 수 없지만, 다음과 같은 가설을 고려할 수는 있습니다.

- 타사와 고객층이 다르다.
- 타사와는 다른 가치를 제공하고 있다.
- 타사와는 업무 흐름이며 보유자원이 다르다(제조사라면 자체 공장 없이 협력사에 생산, 서비스업이라면 프랜차이즈화하고 있는 것 등)
- 타사와 이익모델이 다르다(타사는 광고수익밖에 없는데, 이벤트 수입이나 라이선스 수입이 있는 것 등)

실제로는 어떤 이유가 해당되는지는 더 조사해 봐야 합니다. 하지만 이 분야로 신규진입을 검토한다면 규모로 승부를 겨뤄서는 살아남기 어려우므로, D사의 방식을 배워서 업계 내 영향력을 쌓는 편이 효과적일지 모릅니다.

단 한 장의 차트만으로도 이만큼이나 해석할 수 있습니다. 핵심적인 분석은 꼭 그래프화하여 '눈'으로 사고하는 습관을 키우도록 합시다. 아마도 지금까지는 보이지 않았던 세계가 눈 앞에 펼쳐질 겁니다.

MBA 교수의 조언

그래프를 보면서 사고하는 것은 중요하지만, 부적절한 그래프를 작성하거나 타인이 만든 그래프를 무작정 수용했다가는 오판할 수도 있고 부정확한 인상을 받게 되므로 주의해야 합니다. 흔히 겪는 함정은 다음과 같습니다.

· **축을 세우는 방법이 부적절하다**
  - 축이 도중에 잘려있거나 세로축이 제로에서 시작하지 않는다.
  - 축의 균형이 맞지 않는다.
  - 시계열 그래프에서 가로축 첫 번째 연도를 자의적으로 정했다.
· **만화 같은 일러스트 그래프에 현혹된다**
· **타인이 더한 강조점에 시선이 집중되어 순수한 관점으로 그래프를 보지 못한다**
  - 보조선이나 하이라이트, 화살표, 주석 등. 특히 보조선은 인상을 좌우하므로 보조선은 없는 셈 치고 순수한 관점으로 그래프를 바라봐야 한다.

그래프는 시각에 호소하는 요소이므로 잘 활용하면 사람을 움직이는 데 큰 무기가 됩니다. 하지만 시각적 이미지가 너무 강하다는 면에서 주의가 필요합니다.

키워드 그래프화, 분산도

067

바라는 숫자가 나오지 않을 때야말로
실력을 보여야 할 때다

'없는 숫자'는 최적의 추정치로
만들어 내라

숫자, 즉 수치는 바란다고 해서 손에 넣을 수 있는 게 아닙니다. 실제로 어떤 숫자가 필요해서 검색해 봐도 적절한 정보가 존재하지 않았던 분이 많으실 겁니다.

특히 새로 조성되기 시작한 시장은 업계단체나 협회가 없는 경우가 많아서 정보획득이 쉽지 않습니다. '주목받는 분야(예: IoT 시장 규모)'에 관해서는 그나마 정보를 발견하기 쉽지만, '덜 주목받는 분야(예: 계단 손잡이 시장 규모)'는 적절한 숫자를 찾아내기가 어렵습니다. 전문 조사기관의 데이터가 존재할 때도 있지만, 고가이기 때문에 선뜻 손이 내밀어지지 않을 것입니다.

그렇다면 별도의 숫자를 바탕으로 자기 나름대로 최적이라고 여겨지는 전제를 세워서 숫자를 '만들어 내야' 합니다(여기서 말하는 '만들어 낸다'라는 것은 왜곡한다는 의미가 아닙니다).

누구나 쉽게 얻을 수 있는 숫자가 아니라, 최적의 추정치를 위해 고생하며 계산한 숫자라서 더욱 부가 가치가 생기는지도 모르겠습니다.

예를 들어 일본의 '왼손잡이용 식칼'의 잠재 시장 규모를 계산해 봅시다. 그러나 포털사이트 검색 결과가 만족스럽지 않을 뿐더러, 최근 시장 규모를 파악하는 것도 쉽지 않을 것입니다.

후지 연구소에서 발견한 데이터에 따르면 식칼의 시장 규모는 2004년 단계에서 165억 엔이고 매년 2퍼센트씩 감소추세입니다. 2016년 현재 같은 현상이 지속하였다는 가정하에 시장 규모는 $165×0.98^{12}$=130억 엔이 됩니다.

이제 왼손잡이용 비율을 계산해야 하는데, 여기부터가 상당히 까다롭습니다.

인터넷 검색으로 얻은 데이터에 의하면 일본인의 왼손잡이 비율은 약 11퍼센트입니다. 그러나 왼손잡이의 정의가 애매한 데다가 어릴 적에 교정하는 경우도 많아서 왼손잡이용 식칼을 찾는 소비자 비율을 정확히 예상하기란 하늘의 별 따기입니다.

만일 적절한 자료가 없다면 비용대비 효과를 장담할 수는 없지만, 스스로 조사하는 것도 하나의 방법입니다. 예를 들어 지나가는 사람 약 150명에게 왼손잡이용 식칼이 필요한지 설문 조사를 실시하는 방법입니다. 본래 통계상 유의미한 숫자는 300명 정도의 샘플이 필요하지만, 여기에서는 그렇게까지 수고할 필요는 없다고 판단했습니다. 이때에는 조건에 치우치지 않고 조사해야 합니다.

설문 조사를 통해 얻은 비율이 6퍼센트였다면 왼손잡이

용 식칼의 잠재 시장 규모는 130억 엔의 6퍼센트인 약 8억 엔이라고 추정할 수 있습니다.

이 방법만으로 불안하다면, 다른 접근법으로 계산한 숫자를 활용하여 교차 확인하면 됩니다. 한 식칼 제조사와 인터뷰하여 '우리 회사의 왼손잡이용 식칼 총매출은 3천만 엔 정도. 시장 점유율은 5~6퍼센트 정도'라는 정보를 얻었다면 시장 규모는 약 5~6억 엔이라고 추정할 수 있습니다. 이것을 앞의 숫자와 함께 검토하여 대략적인 시장 규모는 6~7억 엔이라는 추정치를 제시할 수 있게 됩니다.

문제는 '말로 쓴 수식'과 실제로 계산한 숫자의 타당성입니다. 이번 사례를 표현해 보자면 다음과 같습니다.

2016년 왼손잡이용 식칼 시장 규모 = 2004년 식칼 시장 규모×성장률(12년분) × 왼손잡이용 식칼에 대한 수요

여기에 여러 패턴을 준비하여 교차 확인한다면 오차범위는 크게 벗어나지는 않을 겁니다.

키워드 말로 쓴 수식, 페르미 추정

MBA 교수의 조언

페르미 추정(Fermi Estimate)이란 실제로 조사하기 어려운 수치를 다양한 실마리를 바탕으로 개략적으로 계산하여 추정치를 구하는 계산법입니다. 컨설팅 회사의 입사시험 등에 출제되는 '일본에 건물이 몇 채나 있는가?'라는 식의 질문에 대답할 때 활용하는 방식이죠. 이는 물리학자 엔리코 페르미(Enrico Fermi)에 의해 알려졌습니다.

기본적으로는 본문의 내용과 비슷하지만, 페르미 추정은 설문 조사 등으로 숫자를 수집하지 않는 대신 상식적으로 모두가 알고 있거나 수집하기 쉬운 숫자로 대략적인 수치를 계산합니다. 페르미 추정을 평소에 훈련해 두면 유사시에 숫자를 만들어 내는 능력이 향상됩니다.

건물을 예로 들어봅시다. 그림 20처럼 '말로 쓴 수식'이 만들어질 겁니다. 여기에 상식적인 숫자나 여러분이 생각하는 최적의 추정치를 대입해 보십시오. 가능하다면 독자적인 수식을 만들어 보시기 바랍니다.

그림 20 **일본 내 건물은 총 몇 채인가?**

일본의 건물 수	= '인구'דׁ인구당 건물 수'
일본의 건물 수	= '주거용 주택 수'+'빈집'+'공동 주택 수'+ '기타 건물 수'
일본의 건물 수	= ('연간 신축 건수'-'연간 철거 건수')×28년÷ (1989년 이후 지어진 건물 비율)

통계의 함정에 빠지지 말라

'거짓에는 세 종류가 있다. 그냥 거짓, 새빨간 거짓, 그리고 통계다.' 이것은 작가 마크 트웨인(Mark Twain)이 한 말입니다. 그만큼 통계치는 때에 따라서 오독(誤讀)할 우려가 크다는 뜻이겠죠. 대표적인 예가 평균치의 함정입니다. 이것은 매우 중요한 부분이라 기본 69에서 자세히 설명하려고 합니다. 여기에서는 평균치의 함정을 제외한 사례들을 살펴봅시다.

1. 편향적 샘플

인터넷에서 정당 지지율을 조사하면, 청년층 의견이 과도하게 반영됩니다. 실제로 선거하는 비율은 노년층이 높으므로, 오차는 더욱 벌어집니다.

2. 샘플 수 부족

통계적으로 유의미한 수치가 얻어지지 않는 단위, 즉 몇 개에서 몇십 개 단위 샘플로 결론을 내리는 경우입니다. 샘플은 최소한 300개 이상이어야 적당하며, 개수가 클수록 오차는 줄어듭니다.

3. 상관을 인과라고 착각한다

폭력사건을 일으킨 아이들이 대전형 게임을 했을 비율이 높다고 가정해 봅시다. 겉보기에 대전형 게임이 폭력성을 조성했다는 결론에 이르기 쉽지만, 원래 폭력성이 높은 아이일수록 대전형 게임을 선호한다는 인과 관계도 성립할 가능성이 있습니다.

다음 질문에 도전해 보세요. 여러분은 어느 쪽이 많았다고 생각하십니까?

A) 매일 아동 100명이 오는 공원에서 여자아이가 60명 이상 온 날

B) 매일 아동 10명이 오는 공원에서 여자아이가 6명 이상 온 날

정답은 '압도적으로 B가 많다' 입니다.

이는 '대수의 법칙(law of large numbers)'을 따른 것입니다. 이것은 '경험적 확률과 수학적 확률과의 관계를 나타내는 정리(定理)'로, 표본의 관측대상의 수가 많으면 통계적 추정의 정밀도가 향상된다는 것을 수학적으로 증명한 것입니다. 왜 B가 많은지 모르겠는 분들은 이번 기회에 통계에 관심을 가져보시면 어떨까요?

키워드 샘플 편차, 샘플 수 부족, 대수의 법칙

069

평균값은 자주 이용되는
수치이므로 주의하라

평균값이 평균은 아니다

평균이라는 말에는 '보통의' 혹은 '일반적으로'라는 이미지
가 연상됩니다. 그러나 이는 완전한 착시입니다. 실제로는 평균
값이 일반적인 모습을 반영하지 않는 경우가 매우 많기 때문입
니다.

한 조사에 따르면 일본의 20대 청년의 평균 저축액은 약
1,800만 원 정도였습니다. 실제로는 이보다 훨씬 적은데 말이죠.

막상 같은 조사에서 평균치가 아닌 중앙값을 보니 약 400만
원이었습니다. 즉 저축액이 많은 사람부터 순서대로 세어가니,
전체의 한가운데에 있는 청년이 400만 원을 저축했다는 뜻입
니다. 피부에 와닿는 수치라는 분이 많으실 겁니다.

이것이 평균값의 함정입니다. 평균값은 정규분포(평균치를 중
심으로 종 모습이 되는 형태)가 되는 데이터에는 매우 유효한 대푯값
입니다. 신장 등이 그렇습니다.

정규분포에서 평균값은 제일 가운에 있는 숫자이며 가장 볼
록 솟은 부분이 됩니다.

한 사람의 자산이며 연 수입 등이 몇천 명 혹은 몇만 명분이

라면 평균값은 실제보다 높게 계산되어 오히려 혼란을 일으킵니다. 키가 210㎝로 거구인 남성과 그가 남성의 평균신장(약 170㎝)의 1.24배밖에 되지 않는 것은 크게 다릅니다.

이런 경우에 '보통' 혹은 '일반적'인 모습으로는 순서의 정 가운데 위치하는 중앙값이 적절합니다.

MBA 교수의 조언

평균값은 자칫 의도하지 않은 방향으로 해석될 수 있다는 데 유념하시기 바랍니다. 어떤 사람이든 숫자가 많거나 커야 바람직한 사례에서 '당신은 평균 이하'라는 지적에 기뻐할 사람은 없을 것입니다. 사람은 평균값에 일희일비하는 법입니다.

그래서 더욱 평균값 적용이 적절한 예와 그렇지 않은 경우를 분명히 구별해야 합니다. 단순한 방법이긴 하나, 히스토그램(histogram, 도수분포도), 즉 막대그래프를 작성하여 시각적으로 확인하는 것도 효과적입니다.

키워드 평균치, 중앙값, 정규분포, 히스토그램

070 악의적인 숫자는 주의하면
간파해 낼 수 있다

너무 깔끔한 데이터에는 이면이 있다

앞에서 이미 설명했듯이, 간혹 숫자는 악의적으로 조작되기도 합니다. 전제와 출처가 맞는지 확인하고 작성자의 이해관계 등에도 주의해야 숫자에 담긴 나쁜 의도를 간파해 낼 수 있습니다.

반면에 약간의 부자연스러운 부분이라도 있는지 신경만 써도 단순한 그래프 조작 등은 쉽게 찾아낼 수 있습니다. 소제목은 이런 감각을 익히는 데 도움이 되는 문장입니다.

여러분은 그림 21을 어느 정도 신뢰하십니까?

저는 직관적으로 '데이터가 너무 깔끔하다. 조작된 건 아닐까?'라고 느껴집니다. 아마도 보조선에서 크게 벗어난 샘플은 제외했을 가능성이 큽니다.

잠시 여러분께 질문하겠습니다. 동전 던지기(○가 앞, ●이 뒤)로 얻은 실제 결과와 필자가 동료에게 부탁하여 작위적으로 만든 결과를 비교해 봅시다. 실제로 동전을 던져서 얻은 결과는 어느 쪽일까요?

그림 21 A 업계의 총매출과 수익성 관계

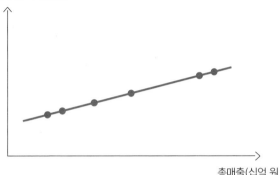

A 업계는 규모의 경제성이 강하게 작용한다

총매출 영업이익률(%)

총매출(십억 원)

A) ○○○●●○○●○○○○●○●●●●●●○○●○○

B) ●○●●○●●○●○○○○●○●○○●●○●○●○○

정답은 A입니다. 원래 무작위이어야 하는 것을 사람이 작위적으로 만들면 묘하게도 균형이 너무 잘 잡혀있습니다.

이러한 감각을 갖기란 쉽지 않지만, 약간의 위화감은 늘 기억하고 있어야 합니다.

키워드 과도한 조작, 위화감

Chapter

08

회계

회사의 숫자는
제대로 읽어내라

회사의 숫자는 제대로 읽어내라

경영자와 투자가들은 다양한 비즈니스 숫자 중에서 특히 '회사의 성적표'라고 부르는 재무제표상의 총매출과 영업이익, 당기순이익 등으로 대변되는 숫자에 주목합니다.

이러한 숫자를 중심적으로 다루는 분야가 회계(Accounting)입니다. 일반적으로 회계는 재무회계와 관리회계로 구분됩니다.

재무회계는 외부인에게 기업의 실태를 적절하게 보고하는 데 목적이 있으며, 손익계산서(Profit and Loss, P/L)와 대차대조표(Balance Sheet, B/S), 현금흐름표(Cash Flow Statement, CFS)와 같은 재무제표를 작성합니다. 외부인이라면 이들 보고서를 제대로 해독하는 데 주안점을 둡니다.

반면 관리회계는 사내 의사결정의 질을 높이는 동시에 종업원을 자극하고 PDCA를 제대로 실행하기 위한 회계입니다. 재무회계에서 이용하는 숫자도 활용할 뿐더러 기업의 독자적인 KPI, 즉 핵심성과지표를 설정하고 사용하기도 합니다.

7장에서 소개한 바와 같이, 매우 강력한 도구인 숫자는 효율적으로 조직을 운영하기 위한 회계라고도 할 수 있습니다.

회사의 숫자를 읽거나 활용하지 못한다면 사업가로서는 자격 미달입니다.

8장에서는 재무회계의 숫자를 해독하기 위한 요령과 관리회계에서의 숫자 활용법을 소개하겠습니다.

경영의 결과는 회계상
숫자로 드러난다

회계를 모른다는 건
경영을 모르는 것이다

소제목은 교세라의 창업자인 이나모리 가즈오가 한 말입니다. 기업이 하는 모든 활동에는 여러 자금이 움직입니다. 제품을 만들려면 원재료를 조달하고 공장설비를 갖추어야 합니다. 사원도 채용해야 하죠.

이 모든 과정에서 비용은 손익계산서(P/L)에, 기계설비는 대차대조표(B/S)의 고정자산으로 계상됩니다.

나아가 매출이 오르면 손익계산서상 총매출에 계상됩니다. 또 분기 말 현금화되지 않은 항목은 대차대조표상 미수금으로 계상됩니다.

기업 활동에서 돈이 움직이면 반드시 회계상 성적표라는 재무제표(P/L, B/S, CFS)에 계상됩니다.

이러한 숫자들을 모르면 자신들의 활동이 적절했는지 알 수 없습니다. 회계상 숫자의 의미를 모른다는 것은 기업 활동이 어땠는지 평가하지 못하게 되니 경영을 모르는 것이나 진배없습니다.

만약에 프로야구팀 감독이 타율과 타점, 홈런, 도루, 방어율 등 숫자에 담긴 뜻을 읽어내지 못한다면 선수들을 적절히 배치하지 못합니다. 우연히 우승했다고 한들, 정말로 우연이었을 뿐이며, 재현성이 없다는 뜻입니다.

적어도 야구팀 감독이라면, '팀 전체로 봐서는 안타도 많고 타율도 높은데 득점이 적다. 그러면 장타력이 있는 선수를 확보해야 한다'라고 판단할 줄 알아야 하지 않을까요?

비즈니스에서도 마찬가지입니다. 경영자는 당연히 회계상 숫자를 읽어내야 하지만, 중간관리직이며 신입 사원도 자신의 활동이 회사의 숫자들과 어떻게 연관되는지 이해해야 자신이 취해야 할 행동을 알게 됩니다.

적자가 크고 현금이 고갈된 회사에 '새 아이디어가 떠올랐으니, 연구개발 예산을 달라'라고 주장하면 선뜻 내어줄까요? 회계상 숫자는 당연히 읽어낼 줄 알아야 합니다.

키워드 재무제표, 손익계산서(P/L), 대차대조표(B/S), 현금흐름표(CFS)

신용은 투명성에서부터 시작된다

회계, 특히 재무회계에서는 기업의 실태를 적절하고 투명하게 외부에 알려야 합니다. 이를 실시하지 않는 기업은 결국 투자자뿐 아니라 사회에서 신용을 얻지 못하게 됩니다.

만일 자사의 실태를 적절히 보고하지 않는 기업이 있으면 어떻게 될까요? 회계사를 끌어들여 분식결산(영업상의 수지 계산을 할 때 이익을 실제 이상으로 계상하는 일)을 시도하거나 파산 직전인데도 이익이 나는 것처럼 보고한다면요?

만약 이 회사가 진짜로 파산한다면, 주주들이 보유한 주식은 종잇조각이 되겠죠. 안전하다는 판단하에 거래한 협력사는 자금을 회수하지 못하게 됩니다. 마치 도미노처럼 타 기업에도 영향이 미쳐 연쇄파산으로 이어질 가능성도 있습니다. 하루아침에 직장을 잃은 직원들은 마른하늘에서 날벼락을 맞은 기분일 겁니다. 매우 극단적인 사례일지도 모르지만, 실제로도 발생하고 있습니다.

이러한 사태를 회피하기 위해서 회사법 등에는 기업의 실태를 정확히 보고하라는 규정이 있습니다. 하지만 사람은 모든 것을 공개하는 데 적잖은 저항감을 느낍니다. 설령 스톡옵션을 받은 경영자라고 할지라도 경영상 위험 등은 숨기고 싶어질 겁니다.

그렇다고 은폐를 허용하면 기업평판의 하락으로 이어집니다. 비록 평판은 재무제표에 나타나지 않지만, 기업에 매우 중요한 자산입니다.

기업평판을 지키기 위해서라도 숨김이나 보탬 없이 실태를 공개하는 편이 장기적으로 봤을 때 기업을 위한 길입니다.

주식을 공개한 기업이나 주식을 공개하지 않았더라도 대기업이라면 사회에 대한 책임이 있습니다. 대기업의 부정회계는 해당 국가와 주식시장의 평판까지 하락시키고 마니까요. 자국과 자사의 평판을 위해서라도 숨김없이 공개해야 합니다.

키워드 분식결산, 경영상 위험, 사회적 책임

재무제표에는 의사가 반영된다

회계를 공부해 본 적 없는 사람은 흔히 재무제표가 완전히 똑같은 규칙 아래에서 작성된다고 생각하기 쉽습니다. 실제로는 그렇지 않죠. 재무제표라고 해도 작성상 차이를 말하는 '허용범위'가 존재합니다.

이렇게 법에 따른 미묘한 작성상 차이를 회계방침이라고 합니다. 무엇을 회계방침으로 삼느냐에 따라 경영자의 의도가 드러나기도 합니다.

일례로 90년대 후반 경영위기를 겪은 닛산(Nissan)에 카를로스 곤(Carlos Ghosn)이 회장으로 부임했을 때 감가상각(고정자산의 가치감소를 산정하여 그 액수를 고정자산의 금액에서 공제함과 동시에 비용으로 계상하는 절차) 방법을 정률법(비용 처리된 금액이 처음에는 크고 점점 줄어듦)에서 정액법(매년 같은 금액이 비용 처리됨)으로 전환했고 재무제표상 이익이 증가했습니다.

그렇다고 분식결산은 아닙니다. 정해진 규칙 내에서 변경한 것이죠. 사실 재무제표에 어떤 방법을 사용했는지 명시되어 있지만, 일반 사람들은 대개 주석은 지나치고 최종 숫자만 보기에 기업의 의도를 알아차리지 못합니다.

그밖에 주의해야 할 회계방침의 차이는 다음과 같습니다.

- 매출의 계상기준(공사진행 기준 등)

- 재고자산 평가기준(원가법, 저가법)

- 재고자산 평가방법(선입선출법, 이동평균법 등)

- 충당금 계상방법(퇴직급여 충당금의 미래예측지급액 산출전제)

- 세효과(tax effects) 회계에서 미래 예측세율의 전제

MBA 교수의 조언

아무리 회계방침을 따랐더라도 기업이 매년 편한 쪽으로 변경하면 외부인이 내용을 이해하기란 매우 어렵습니다. 그래서 '기업회계는 처리 원칙 및 순서를 일정 기간 유지하며 함부로 변경해서는 안 된다'라는 계속성의 원칙을 적용하고 있습니다.

키워드 회계방침, 원가 감가상각법, 매출의 계상기준, 재고자산의 평가
기준과 평가방법, 충당금, 세효과 회계, 계속성 원칙

074

눈에 보이게 하여
사람들의 관심을 높인다

사람은 측정된 것에만 흥미를 보인다

기본 61에서 사람들은 인센티브에 매우 민감하게 반응하며 행동을 바꾼다고 했습니다. 본디 사람은 측정되지 않는 것에는 그다지 관심을 보이지 않는 법입니다. 관심은 행동을 일으키는 전 단계로 매우 중요하기 때문입니다.

관리회계는 물론, 어떤 비즈니스 분야이건 기본은 사람들이 **관심 두기를 바라는 분야를 측정하여 가시화**하는 것입니다.

초등학교를 예로 들어 생각해 보죠. 만일 초등학교에서 시험 성적은 측정하지만, 지각 횟수나 분실물 횟수는 전혀 측정하지 않는다면 어떻게 될까요? 초등학교 교육에서 중요한 목적 중 하나인 올바른 생활 습관 들이기를 제대로 실천하기 어렵습니다. 부모의 관심까지 적다면 더더군다나 힘듭니다.

비즈니스도 그렇습니다. 본디 측정되어야 할 숫자가 측정되지 않으면 회사의 생산성은 향상되지 않습니다. 예를 들어 고객의 재구매 비율이 측정되지 않는데 아무도 관심조차 없다면, 효과적인 마케팅을 통해 고객 만족도를 높여보려는 사람이 없을 겁니다.

만약에 공장에서 불량품 비율을 측정하지 않는다면, 회사의 브랜드 이미지는 점점 하락하게 되겠죠.

기업은 전략수행 상 중요한 수치, 즉 KPI를 반드시 측정하는 동시에 가시화하여 사람들의 인식을 집중시켜야만 합니다.

::

MBA 교수의 조언

사람은 일단 숫자가 측정되면 그만큼의 인센티브가 없어도 변화된 행동을 보이기도 합니다. 예를 들어 지각 횟수나 시간을 꼼꼼히 측정하기 시작하면 명확한 처벌이 없어도 시간 엄수를 의식하게 됩니다. 주변 시선이 압박감으로 작용하는 가시화 작업은 사람 행동에 변화를 주는 하나의 무기입니다.

::

키워드 KPI(핵심성과지표), 주변 시선의 압박감

075

수치화하여
적절히 조치하라

측정하지 못하는 것은
제어하지 못한다

관리회계를 컨트롤 시스템이라고도 부릅니다. 상황을 올바른 방향으로 유도하고 그렇게 하기 위한 동기 부여를 의식한 호칭입니다. 여기에서는 이러한 관리회계의 기본을 말하고 있습니다. 다시 말하면, 숫자로 측정되지 않으면 적절한 행동을 마련하지 못하거나 혹은 어렵다는 뜻입니다.

재무숫자와 직결되며 숫자로 파악하기 쉬운 요소는 당연히 바로 포착 가능한 체제를 만들어야 합니다. 미수금 회수 기간이나 매달 드는 경비와 같은 항목입니다.

하지만 조직문화처럼 수치화하기 힘든 요소도 있습니다. 막연하기는 해도 컬처 서베이(Culture Survey) 등을 통해 직원에게 설문 조사를 실시하면 실정은 파악됩니다. 설문 조사는 각자의 주관에 지나지 않지만, 일정 숫자가 모이면 객관성이 증가하여 충분히 제어할 수 있게 됩니다.

설문 조사 결과, 만일 '개개인의 능력개발이 뒤처져 있다'라는 항목의 점수가 타 항목보다 확연히 낮았다면, 회사는 매력적인 능력개발 프로그램을 제공할 수 있습니다. 또 MBO, 즉 목표

관리 시에 구체적인 능력개발 목표에 관한 대화를 권장하면 능력개발에 대한 의식을 높일 수 있습니다. 그리고 매년 정점 관측하면 어떤 시책이 효과적이었는지 판단할 수 있게 됩니다.

그런데도 측정하기 어려운 요소는 존재합니다. 일본전산 주식회사가 제창한 경영의 기본요소로 3S(정리(整理), 정돈(整頓), 청결(淸潔))를 강조하는데요, 직장의 청결도를 수긍할 만한 형태로 수치화하기란 쉽지 않습니다.

어디까지 수치화할 수 있을지는 비용대비 효과에 달려있습니다. 그러나 정보뿐이더라도 어느 정도 제어 가능한 부분과 그렇지 않은 부분은 의식적으로 나누어봐야 합니다.

핵심성과지표는 참신한 아이디어 이상으로 경영에 중요한 요소를 파악하여 시계열 변화를 효과적으로 추적하도록 도와줍니다.

예를 들어 매월 측정 중인 고객 만족도가 갑자기 하락했다면 문제가 생겼다는 뜻이며 행동에 나서야 할 때임을 나타내는 것입니다.

키워드 컨트롤 시스템, 컬처 서베이, MBO, 시계열 변화

076

기업가치 향상으로 이어지는
PDCA 사이클

PDCA는 모든
프레임워크를 포함한다

경영학에는 다양한 프레임워크(틀)가 있습니다. 그중 하나인 마케팅의 4P는 분석은 물론 구체적인 시책 입안에도 활용할 수 있을 정도로 매우 유용합니다. 그렇다고 아무거나 무턱대고 실시한다고 해서야 비즈니스 결과는 나오지 않습니다.

우선은 분석을 바탕으로 계획을 세워서(Plan), 실제로 해 보고 (Do), 차이를 분석하고(Check), 적절히 행동한다(Action)는 PDCA 를 빈틈없이 실시해야 여러 프레임워크에 활력이 생깁니다.

'PDCA야말로 가장 파괴력이 있는 프레임워크다'라고 주장 하는 분이 적지 않습니다.

기업은 성장할수록 다음과 같이 진화해 갑니다(엄밀히는 중간 단계가 존재하지만 생략합니다).

① 'D'만 실시한다.

② 'P'와 'D'를 실시한다.

③ 'PDCA'를 실시하되, 부서며 계층 간 차이가 크다.

④ 'PDCA'를 전반적으로 실시한다.

⑤ 'PDCA'를 빠르고 철저하게 실시한다.

이 중에서는 ②와 ③이 가장 많습니다. ①보다는 낮지만, 경영 면에서 봤을 때 전문적이지는 않습니다. 문제가 방치된 경우도 많고, 일정하지도 않습니다. 기업이라면 적어도 ④ 정도는 목표로 삼아야 합니다.

::

MBA 교수의 조언

PDCA는 마치 겹상자와 같은 구조입니다. 아무리 현장에서 PDCA를 철저히 실시해도 중요한 경영 차원에서 이것을 우습게 본다면 과연 무슨 의미가 있을까요?

가장 바람직한 모습은, 다양한 시간축이나 PDCA의 실시 방법(예: MBO나 정례회의, 긴급미팅 등)들이 서로 연계되어 조직 차원에서 크고 작은 PDCA를 정확히 실시하는 것입니다.

::

키워드 전문적인 경영, PDCA, 정례회의

Chapter

09

재무

기업가치의 최대화를
도모한다

기업가치의 최대화를 도모한다

8장 회계 편에서는 특히 재무회계와 연관해서 재무제표 중에서도 손익계산서와 대차대조표에 집중했습니다. 그러나 이들 숫자도 다소 의도적으로 변경할 수 있다고 기본 73에서 다뤘습니다.

이러한 이유로 주의하지 않으면 손익계산서와 대차대조표만 보고 의사결정을 그르칠 수 있습니다. 그렇다면 무엇을 봐야 실수를 피할 수 있을까요? 바로, 현금입니다. 현금은 기본적으로 속일 수가 없기 때문입니다.

파이낸스, 즉 재무에서는 현금을 바탕으로 금전의 시간적 가치와 위험을 중시합니다. 한 마디로 현금흐름의 정의와 금전의 시간적 가치, 위험을 이해하면, 재무의 기초는 어느 정도 익혔다고 할 수 있습니다.

그러나 이들 개념을 올바르게 이해하려면 다소 수학적 소양이 필요합니다. 이 단계에서 포기하는 분도 적지 않습니다.

예를 들어 재무의 가장 기본적인 콘셉트인 순현재가치(NPV)는 현금흐름과 현재가치, 위험이 반영된 개념으로, 맨 처음에 시그마(Σ)라는 기호가 나옵니다.

숫자에 약한 사람이라면 순간적으로 머리가 아득해질 겁니다. 할인율이 거듭제곱으로 등장하는 부분도 익숙해질 때까지는 감이 잡히지 않을지도 모릅니다.

그러나 재무는 세계의 공통어입니다. 특히 도쿄 주식시장이며 월스트리트 등의 금융시장과 투자은행 관계자들은 재무를 전제로 운영하고 행동합니다.

8장에서 회계를 모른다는 것은 경영을 모르는 것이라고 말했는데, 재무를 모른다는 건 곧 금융에 대해서 하나도 설명하지 못한다, 즉 세계에서 싸우지 못한다는 말이나 다름없습니다.

9장에서 상세한 수식까지는 언급하지 않겠지만, 재무는 사업가의 필수항목이므로 의미를 제대로 이해하시길 바랍니다.

현찰이 왕이다

실제 기업경영에서 마지막까지 힘을 발휘하는 것은 현금입니다. 회사가 소유한 금고며 예금계좌에 현금이 없다면 회사의 운명은 거기까지입니다.

현금의 중요성을 설명하는 데 자주 언급되는 흑자도산(흑자를 계상하고 있는데도 불구하고 도산하는 일)에 관해서 이야기해 볼까 합니다.

법인 비즈니스에서 총매출이 아무리 올라도 미수금 회수가 늦고 회사에 현금이 입금되지 않으면 납품업체 대금 지급은 지연되고, 직원들 급여마저 체납됩니다. 손익계산서상 이익은 발생했지만, 도산을 피하지는 못합니다.

중소기업 등에서는 직원의 급여지급일인 매월 20일이나 25일, 혹은 납품업체 지급기한인 월말이 되면 한꺼번에 현금이 줄어듭니다. 이때를 어떻게 자금을 조달하여 버티느냐가 중소기업 경영자의 가장 큰 숙제입니다.

키워드 흑자도산, 자금조달, 현금흐름, 감가상각비, 운전자본,
재고, 미수금, 외상 매입금, 잉여현금흐름

MBA 교수의 조언

평상시 자금조달에도 주목하지만, 재무에서는 사업성 평가 차원에서 현금흐름(Cash Flow, 기업활동을 통해 나타나는 현금의 유입과 유출을 통틀어 이르는 말)이라는 개념을 사용합니다.

현금흐름은 몇 가지로 정의할 수 있는데, 가장 흔히 사용하는 것이 그림 22입니다.

그림 22 **현금흐름(CF) 정의**

$$CF = 순이익 + 감가상각비 - 투자 - \triangle 운전자본$$

- 운전자본 = 미수금 + 재고자산 − 외상매입대금
- $\triangle$운전자본 = 운전자본의 변화 = 기말 운전자금 − 기초 운전자금

> * 여기서 운전자본이란, 임금지불, 원료구입 등 기업이 사업을 추진하는 데 있어 필요불가결한 자금이다.

또한, NPV 계산 등과 같은 프로젝트를 평가할 때 이용하는 개념인 잉여현금흐름*은 100퍼센트 주주자본으로 자금을 보충했을 때의 현금흐름을 말합니다.

---

* Free Cash Flow(FCF). 기업이 사업으로 벌어들인 현금 가운데 영업비용, 설비투자액, 세금 등을 제외하고 남은 현금. 잉여현금흐름은 배당금 또는 기업의 저축, 인수·합병, 자사주 매입 용도로 사용 가능하다.

078

현재가치와 미래가치

재무에서는 금전의 시간적 가치와 이를 바탕으로 계산한 현재가치라는 개념이 매우 중요합니다.

다시 말하면, 1년 후의 천만 원은 현재의 천만 원보다 가치가 낮기 때문에, 할인해서 생각해야 합니다. 먼 미래의 1달러도 할인하면 현재의 1페니(0.01달러)와 같습니다.

왜 미래의 가치를 할인해야 할까요? 크게 두 가지 이유가 있습니다. 바로 금리와 위험 때문입니다. 요즘은 초저금리시대로 금리를 거의 무시해도 좋을 정도로 영향력이 없습니다. 금리가 0.2퍼센트인 정기예금에 백 년쯤 맡겨야 1.22배가 됩니다.

이보다 더 중요한 요소는 위험입니다. 이는 기본 79에서 더 설명하도록 하겠습니다.

지금 확실히 손에 들어온 천만 원과 내년에 받게 될 천만 원을 비교하면 어떨까요? 직관적으로도 후자의 가치가 낮아 보입니다. 무슨 사고가 생길지도 모르고 약속이 제대로 이행되지 않을 가능성도 있습니다.

재무의 기본은 미래의 현금흐름을 예측하여 전부 현재가치로 할인, 즉 환산하여 사고해야 한다는 것을 이해하시기 바랍니다.

:::

MBA 교수의 조언

미래가치를 현재가치로 할인할 때 적용하는 1년치 비율을 할인율이라고 합니다. 할인은 반드시 복리로 계산해야 합니다.

할인율이 10퍼센트(0.1)라면 1년 후 1,100만 원의 현재가치는 1,100만 ÷1.1 = 1,000만 원입니다.

마찬가지로 3년 후 1,400만 원의 현재가치는 1,330만 ÷ $(1.1)^3$ = 1,000만 원입니다.

할인율이 10퍼센트일 때 다음의 세 가지 예는 모두 현재가치가 1,000만 원입니다.

· 현재의 1,000만 원

· 1년 후의 1,100만 원

· 3년 후 1,330만 원

:::

키워드 금전의 시간적 가치, 현재가치, 금리,
위험(리스크), 할인율, 복리계산

079 재무에서 말하는 위험은
일상 용어와 뜻이 다르다

재무에서 바라보는 위험의 의미

재무에서 리스크, 즉 위험이라는 말은 일상과는 달리 '불확실성', '(통계상)분산'과 같은 뜻입니다. '초고층 건물 정상에서 뛰어내렸을 때의 위험은 제로다.' 이는 리스크를 표현한 문장으로 필자가 오래전부터 사용하던 문장이기도 합니다. 물론 예전에는 자택 근처의 고층빌딩을 예로 들었지만요.

일반인에게 '초고층 건물 옥상에서 뛰어내릴 때의 이익과 위험은 어느 정도겠냐'라고 질문하면 어떻게 대답할까요?

아마도 '대가 같은 게 있을까, 위험이 너무 커서 틀림없이 사망할 것'이라고 대답할 겁니다.

일반적으로 리턴, 즉 대가는 얻어지는 장점을 의미하고, 리스크는 위험성을 의미합니다.

그러나 재무 분야에서는 생각이 다릅니다. 대가는 긍정적이든 부정적이든 얻어지는 결과이며 위험은 통계적 분포를 의미합니다.

이러한 사고방식은 초고층 건물에서 뛰어내렸을 때 얻는 대가가 007이나 루팡 3세가 아닌 일반인이라면 '사망'이며, 대가

그림 23 위험의 사고방식

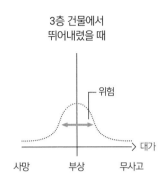

초고층 건물에서
뛰어내렸을 때

3층 건물에서
뛰어내렸을 때

위험

대가

대가

사망

사망 　 부상 　 무사고

┄┄┄┄ : 실제 대가

가 분산되지 않은 관계로 위험은 제로입니다. 이것이 그림 23의 왼쪽 그래프입니다.

반면에 그림 23의 우측 그래프는 3층 건물에서 뛰어내렸을 때의 대가와 위험을 나타내고 있습니다. 상식적으로 가장 자연스러운 형태는 상당한 부상입니다.

물론 운이 좋으면 안 다치겠지만 반대로 잘못 떨어지면 죽음에 이를 수도 있습니다. 결과에 무사고부터 사망까지의 분포가 발생한다, 즉 상당히 위험이 커진다고 해석할 수 있습니다.

'초고층 건물에서 뛰어내릴 때의 위험은 제로. 하지만 3층 건물에서는 위험이 상당히 크다'라고 하면 대개 위화감을 느낄 겁니다. 그러나 이것이 재무에서 말하는 위험을 바라보는 자세라는 점을 똑똑히 기억하시기 바랍니다.

MBA 교수의 조언

재무에서는 주식의 위험성을 매우 중시합니다(참고로 국채를 리스크 제로 자산이라고 여깁니다). 위험에 따라 기업의 자금조달비용(Weighted Average Cost of Capital, WACC)과 할인율이 바뀌기 때문입니다. (WACC는 가중평균자본비용이란 뜻으로 기업의 총자본에 대한 평균조달비용을 말합니다.)

그림 24 β 사고방식

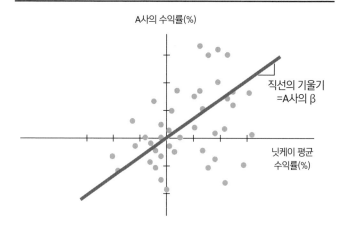

개별 주식에 대한 위험성의 고저는 베타(β)라는 지표로 나타냅니다. 이는 닛케이 평균과 같은 지수변동 이상으로 주가의 변동성을 나타내는 지표입니다.

통상적으로는 한 기간을 설정하여 그림 24와 같이 산포도로 표현하여 회귀선을 그립니다. 그림에서는 기울기가 1보다 작으므로 닛케이 평균보다도 지수변동은 완만하며, 비교적 위험이 적은 주식이라고 할 수 있습니다.

　베타가 낮은 종목으로는 매출이 경기나 환율에 좌우되지 않는 가스 등 내수 계열 공공서비스나 생활필수품에 해당하는 식품업계와 의약품업계 등이 있습니다. 또 규제가 강하고, 막강한 대체재도 거의 없는 운수업계 등도 매출은 안정된 쪽이므로 베타가 낮아지는 경향이 있습니다.

키워드 위험, 불확실성, 분산, 대가, 자금조달비용, 베타(β)

부채의 장점

재무에서 부채는 잘 활용하면 기업가치를 상승하는 도구라고 여깁니다. 부채의 장점은 다음과 같습니다.

1. 성장 기회를 실시간으로 파악할 수 있다

성장 기회가 있었다고 해도 자금이 부족해서 기회를 놓칠 수밖에 없었다면 얼마나 안타까울까요? 기동적으로 확보한 부채로 현금을 보충하면 성장과 미래 경쟁력을 강화할 수 있습니다.

2. 절세효과에 따른 기업가치가 상승한다

MM이론*에 따르면 법인세가 존재하지 않는 상황에서 유이자 부채와 주주 자본의 균형은 기업가치에 영향을 주지 않습니다. 그러나 부채는 이자 비용을 손금으로 처리하여 법인세 부

---

* 모딜리아니 - 밀러 정리(Modigliani-Miller theorem). 이는 1958년 프랑코 모딜리아니와 머턴 밀러가 발표한 기업 금융에 관한 이론으로 기업의 가치를 산출하는 데 필요한 할인율을 최소화하는 최적 자본 구조가 존재하는지를 연구했다.

담을 줄여주는 장점이 있어서 부채비율이 높은 회사는 절세 효과를 누리고 기업가치도 상승한다는 것이 재무적 견해입니다.

미국에서는 기업가치를 높이기 위해서 부채로 자사주를 매입하는 일이 일상적으로 이루어지고 있습니다.

3. 규제가 생긴다

과도한 부채는 좋은 의미에서 회사에 긴장감을 주지만, 규제를 초래한다는 점도 지적받습니다.

MBA 교수의 조언

부채가 과도하면 회사 사정이 악화될 때 지급해야 할 이자가 경영을 압박한다는 단점이 있습니다. 또 채권자는 위험이 큰 투자는 꺼리므로 본래 하려던 투자를 미루게 되는 사태가 발생합니다. 이로 인해 등장한 개념이 최적 자본 구성입니다. 즉, 이러한 단점보다 절세효과가 클 때 빚을 내야 결과적으로 최적의 유이자 부채와 주주 자본의 균형을 실현할 수 있습니다.

키워드 기업가치, MM이론, 절세 효과, 최적 자본 구조

081

포트폴리오를 만들어야
위험이 낮아진다

달걀을 한 바구니에 담지 마라

재무에서는 위험관리가 매우 중요합니다. 소제목은 위험관리의 기본인 '일점 집중'을 경계하는 말이며, 연장선상에는 분산투자와 포트폴리오와 같은 방법론이 있습니다.

한 바구니에 달걀을 모두 담으면 떨어뜨렸을 때 손해가 크지만, 서너 바구니에 분산하면 위험을 낮출 수 있습니다.

주식을 예로 생각해 봅시다. 만일 엔화 약세가 유리한 주식만 보유하고 있다면 어떻게 될까요? 실제 환율에서 엔화 가치가 하락하면 닛케이 평균 이상의 대가를 기대할 수 있을지 모르지만, 반대로 엔화 강세라면 엄청난 손해를 입게 됩니다.

환율 위험을 어떻게 해서든 피하려는 사람이라면 엔화 강세일 때 이익이 발생하는 종목과 엔화 약세일 때의 종목을 조합하여 분산투자하면 환율이 어느 쪽으로 움직이든 효과가 상쇄되어, 위험을 줄일 수 있습니다. 이러한 종목의 조합을 포트폴리오라고 합니다.

통상적으로 대가의 상관계수(두 변수 간의 연관성을 보여주는 지표)가 -1에 가까운 주식을 조합하면 위험은 낮아집니다.

또 포트폴리오에 포함하는 종목 수를 늘릴수록 위험은 줄어듭니다. 그림 24에서 이야기한 베타가 낮은 주식 수십 주를 편성한 포트폴리오는 상당히 위험이 낮다고 할 수 있습니다.

MBA 교수의 조언

포트폴리오 구성으로 위험은 낮춰지지만, 한계가 있습니다. 왜냐하면, 위험에는 주식 고유의 체계적 위험 외에 경기나 정세 불안, 천재지변 등 모든 주식에 영향을 미치는 비체계적 위험이 존재하기 때문입니다.

주식이라는 위험자산을 보유한 이상, 위험이 완전히 사라지지는 않습니다.

키워드 포트폴리오, 상관계수, 체계적 위험, 비체계적 위험

Chapter

10

신사업 개발

기업 존속의 길이자,
경제 성장의 원천이다

기업 존속의 길이자,
경제 성장의 원천이다

신사업을 개발하는 데는 크게 두 가지 패턴이 있습니다.

하나는 기존 기업의 다각화를 통해 신사업을 시작하는 것이며, 또 하나는 벤처기업이 신사업 개발에 나서는 겁니다.

전자는 기업이 영속적으로 존속하는 조건이 됩니다. 일본에서 최고의 시가총액을 자랑하는 도요타자동차도 원래는 직기 제조사였지만, 신규 사업으로 시작한 자동차 사업이 성공했기에 지금에 이르렀습니다.

미국 코닥은 은염 필름 사업에 매달렸다가 도산한 데 반해, 일찌감치 디지털화에 발맞춘 후지필름(Fujifilm)은 화장품과 같은 비지적 분야에도 도전해 온 결과 여전히 존재감을 보여주고 있습니다.

벤처기업은 존재 자체가 사회와 경제의 활력으로 이어집니다. 미국에서는 90년대 이후 탄생한 기업의 시가총액 대부분은 실리콘밸리에서 시작한 벤처기업이 차지하고 있습니다.

미국과 비교하면 일본은 대기업 선호가 뚜렷하다고들 하지만, 1950년대로 거슬러 올라가면 혼다와 소니와 같은 벤처기업이 일본 경제를 견인해 온 것이나 다름없습니다. 더욱 역사를 거슬러가면, 루손 스케자엔몬이나 기노쿠니야 분자에몬은 누가 봐도 위대한 기업가입니다. 사실 벤처 정신은 일본인의 유산이기도 합니다.

대기업의 신규 사업이든, 벤처기업이든 새 사업이 탄생해야 경제가 성장하고 사회가 발전합니다. 이러한 이유로 신사업 개발은 여느 때 이상으로 중요해졌습니다.

10장에서는 신규 사업 아이디어를 탄생시키고 성공으로 유도하는 데 도움이 되는 기본 사고방식을 소개하겠습니다.

완벽을 추구하는 대신
일단 시작하라

이는 페이스북(Facebook) 최고 경영자 마크 저커버그(Mark Elliot Zuckerberg)가 한 말입니다. 페이스북의 이념인 "Hacker Way(해커 정신)" 안에도 같은 말이 등장합니다.

취지는 간단합니다. 완전한 계획을 세우고 여러 관계자와 사전교섭을 거듭하여 누구도 반대하지 않게 됐을 때 일을 진행하는 게 아니라 **일단 시작해서 일정한 성과를 낸 다음, 학습을 통해 완성도를 높여가는 방법**이 중요하다는 뜻입니다. 이는 처음부터 긴 시간을 들여 완벽을 추구하기보다도 효과적입니다. 또한, 최근 주목을 받는 린스타트업의 바탕이 되는 사고방식이기도 합니다.

린스타트업에서는 우선 최소한의 요구를 채우는 최소기능제품(Minimum Viable Product, MVP)이라고 부르는 시제품을 만듭니다. 그리고 사용자의 반응을 피드백 삼아서 사업 아이디어와 제품 스펙을 개량하고 궤도수정을 반복합니다.

성공을 위해 과도하게 투자하기보다는, 최소한의 과정을 반복하면서 개선할 부분을 일찍이 파악하자는 것이 요지입니다.

그런데 왜 사람은 처음부터 완벽해야 한다거나 턱없이 높은 완성도를 목표로 삼는 걸까요? 사실 다음과 같은 이유 때문입니다.

- 실패하면 인사고과에 불이익이 있으므로 피하고 싶다.
- 계획의 완성도가 높아야 진행할 때 안심이 된다.
- 반대하는 사람이 많은 단계에서 진행하면 문제가 발생했을 때 수습하기 힘들다.

어쩌면, 처음부터 완벽을 추구하는 것은 인간의 본성이라는 생각이 듭니다. 그러나 신사업은 기본적으로 뿌연 안개 속을 걸어 들어가는 것이나 다름없어서 실제로 부딪혀 봐야 알게 되는 사실도 많습니다. 따라서 신사업에는 완벽한 계획이며 사전교섭 등이 있을 수 없습니다.

특히 불확실성이 짙은 현대에 이러한 경향은 한층 커지고 있습니다. 제품과 사업 특성에 따라 다르지만, 속도를 우선하여 '일단 해 보자'라는 자세가 성공 확률을 크게 높여줍니다.

키워드 마크 저커버그, Hacker Way, 린스타트업, MVP

083

투자가 덜 되었을 때
실패하는 게 낫다

실패는 빠를수록 좋다

대규모 설비투자 등에 거액을 투자하고 나서야 실패했다는 것을 알게 된다면 기업이 입는 손해는 막심하기 그지없을 것입니다. 특히 혁신적인 제품개발과 사업개발에서 실패비용이 너무 커지면 혁신으로의 도전횟수는 제한될 수밖에 없습니다.

소제목은 이러한 상황을 회피하기 위해서라도 실패하려면 일찌감치 투자가 덜 된 단계일 때가 낫다는 뜻입니다. 내용 면에서도 앞서 이야기한 린스타트업으로 이어집니다.

린스타트업은 성공을 위한 시간을 단축하기 위해 '속도'를 특히 중시하는데, '저비용으로'도 실현되었다면 완벽한 실패였어도, 다음 혁신에 도전할 때 예산 면에서 제약이 상당히 줄어듭니다.

일반적으로 의약품 개발에는 수백억 원, 수천억 원이나 되는 개발비용이 드는데 후반 개발과정인 임상 시험에서 중대한 부작용이 발견되어 실패하는 예도 적지 않습니다.

굉장히 비효율적이죠. 그래서 의약품 제조사는 개발 초기 단계에서 부작용을 일으킬 만한 부적절한 후보 화합물을 배제하는 기술을 다양하게 모색하고 있습니다.

MBA 교수의 조언

진짜 실패했는지, 아이디어를 더하면 성공할 가능성이 남았는지 실무적으로 판단하기란 참 어렵습니다.

린스타트업 기업은 '쉽게 포기하고 금방 방향을 전환한다'라는 비판 섞인 말을 자주 듣습니다. 물론 필연적으로 방향을 전환해야 하는 때도 있지만, 쉽게 이쪽으로 저쪽으로 바꾸다 보면 오히려 속도도 느려지고 불필요한 비용이 발생할 수도 있습니다.

완전한 실패라면 판단하기 쉽지만, 현실적으로는 간혹 미묘한 상황에 빠지기도 합니다.

이럴 때 조정해 가며 진행할 것인지, 새로운 길을 찾아 방향을 틀 것인지에 대해서는 아직 결정적인 방법론이 확립되어있지 않습니다. 신사업 추진자로서는 그야말로 생각에 생각을 거듭해야 합니다.

키워드 혁신, 실패 비용, 방향 전환

084 큰일을 하려면 사람을 많이 불러들여야 한다

빨리 가고 싶으면 혼자서, 멀리 가고 싶다면 함께 가라

어떤 비즈니스든 '나 혼자' 하는 사업에는 한계가 있습니다. 다만, 빨리하려면 서로 잘 아는 소수 인원으로 나서야 속도감 있게 진행될 겁니다. 그러나 회사며 사회에 주는 영향력에는 한계가 있습니다. 가치가 높거나 효과가 강력하길 바란다면 사람을 많이 불러 들어야만 합니다.

자, 어떻게 해야 많은 사람을 끌어들일 수 있을까요? 다음과 같은 기본적인 방법을 소개하겠습니다.

1. 매력적인 비전을 제시한다

많은 사람이 다가오게 만드는 첫 번째 조건은 마음 설레는 비전입니다. 단순히 꿈과는 달리 비전은 '하고 싶은 일', '할 수 있는 일', '사회가 요구하는 일'을 고차원적으로 이뤄낸다는, 구체적인 이미지입니다. 비전을 이야기했을 때 '참가하고 싶다', '응원하고 싶다'라는 생각이 들도록 유도해야 합니다.

2. 비전 실현으로 가는 지도를 그린다

현실적인 전략을 세운다고도 할 수 있습니다. 전례 없는 사업일수록 여정과 같은 전략을 세밀하게 들려주기란 여간 쉽지 않습니다.

그러나 개략적인 스케치라도 '이렇게 하면, 비전이 실현된다'는 전략을 인상적인 스토리텔링으로 들려주어야 사람들은 자극받게 됩니다.

3. 매력적인 운영팀을 구축한다

비전과 전략만으로 사람은 다가오지 않습니다. 신사업을 추진하는 운영팀 구성원들의 인간적인 매력도 필요합니다.

'이 사람(들)과 함께 무언가 하고 싶다'라는 생각이 들게 해야 합니다. 만일 이것이 불가능하다면, 그런 매력이 있는 인재를 파트너로 곁에 두는 것도 방법입니다.

키워드 비전, 스토리텔링

No 대신 How를 물어라

이 말은 '포스트잇'을 개발한 것으로 유명한 3M에서 자주 쓰는 슬로건입니다.

부하 직원이 새 제품 아이디어를 가져왔을 때 '그건 힘들겠다'라며 처음부터 거절해 버리면, 의욕이 사라지고 새 아이디어를 제안하려는 마음도 생기지 않습니다.

반면에 3M에서는 다소 어려워 보이는 안건이어도 '어떻게 하면 실현될 것 같은가?'라는 식으로 질문하라고 유도합니다.

'어떻게'를 되물으면 의욕이 꺾일 리 없습니다. 제안자도 가능성이 타진되면 독창적인 아이디어를 짜내든가 역시 힘든가 싶으면 포기하고 다른 아이디어를 고안해 낼 겁니다.

질문을 통한 부하 직원과의 소통은 코칭으로 이어지므로 여러 가지 의미에서 부하 직원의 능력개발을 촉진하게 됩니다.

다만, 이러한 과정이 다른 회사의 모든 관리직에 가능한 것은 아닙니다. 이른바 '머리 좋은 상사'일수록 뛰어난 선견지명 탓에 'No'라고 하기 쉽습니다. 하고 싶은 말을 꾹 참고 부하 직원이 스스로 판단하도록 유도해야 합니다.

또 가장 피해야 할 대답 중 하나가 '전에 해 봤는데 실패했다'입니다. 당시와는 상황이 바뀌었을지도 모르고, 먼젓번에는 방법이 부적절했을지도 모릅니다.

그런데도 처음부터 '해 봤는데 실패했다'라고 부정적으로 말한다면 상사에 대한 신뢰 자체가 감소하게 됩니다.

'실패는 성공의 어머니'라고 했습니다. 과거의 실패 경험은 부끄러운 것이 아닙니다. 그 실패에서 얼마나 배우고 다음으로 나아가는지가 기업의 경쟁력 향상으로 이어지기 때문입니다.

키워드 3M, 실패는 성공의 어머니

아이디어는 많을수록 좋다

비즈니스 아이디어는 모두 실행되지는 않습니다. 일반적으로 잠재 규모나 성장률, 이익 창출 용이성과 같은 시장의 매력도와 실제로 살아남을 가능성, 자사의 비전과 경영이념과의 정합성을 계산하며 걸러내어 한두 개 내외로 범위를 좁힙니다.

이때, 처음부터 모인 아이디어 개수가 일정 수준 이하라면 훌륭한 아이디어가 포함되어 있을 가능성은 적습니다. 반대로 일정 수준 이상이라면 그 안에는 훌륭한 아이디어가 포함되어 있을 있을 가능성이 크다는 게 요지입니다.

아이디어를 많이 모으는 방법은 다음과 같습니다.

· 브레인스토밍(brainstorming)을 시행한다. 가능하다면 다양한 배경을 가진 사람과 함께한다(기본 99 참조).

· 아이디어 제안 개수를 정한다. 한 사람당 최저 15개라는 조건을 내세우면 개수는 확보된다. 다만 대충 만든 아이디어라면 효과가 떨어지므로, 포상하거나 게임방식을 도입하는 등 진지하게 여기도록 만든다.

- 소비자 등 외부로부터도 아이디어를 모집한다.

아이디어를 걸러내기는 쉽지만, 반짝반짝 빛나는 '원석'을 고안해 내기란 쉽지 않습니다.

그래서 더욱 다양한 방법으로 개수를 확보해야 질 높은 아이디어를 골라낼 수 있습니다.

그림 25 **많을수록 좋은 아이디어**

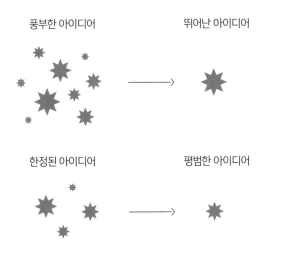

풍부한 아이디어　　　　뛰어난 아이디어

한정된 아이디어　　　　평범한 아이디어

　키워드　시장의 매력도, 경영이념, 걸러내기, 브레인스토밍

5분 만에 떠올렸다면,
경쟁자도 5분으로 충분하다

어떤 누구도 과거에 한 번도 생각해 본 적 없는 내용을 갑자기 떠올리지 못합니다. 좋은 아이디어라도 이미 과거에 누군가가 떠올렸을 수도 있고 나아가 사업화되어 있을지도 모릅니다. 비교적 쉽게 떠오른 아이디어일수록 이런 경향이 짙습니다.

같은 업계에 있는 경쟁자를 떠올려 봅시다. 자신이 쉽게 떠올린 아이디어는 경쟁자들도 마찬가지로 쉽게 떠올릴 것입니다. 그렇다면 경쟁자가 상상하지도 못할 만한 아이디어는 어떻게 떠올릴까요? 한 가지는 조직적으로 개수를 확보하는 것입니다. 또 하나는 '여기까지 생각해 낸 것은 세계에서 나 하나뿐이다'라는 생각이 들 정도로 철저하게 사고에 몰입하는 방법입니다.

현실적으로 검증되지는 않지만, 사고가 정지했을 때 더욱 분발하여 사고에 깊이를 더하면 다른 사람이 생각해 내지 못한 아이디어나 방법론이 태어납니다.

마상(馬上), 침상(枕上), 측상(廁上)으로 꼽히는 '삼상(三上)'은 문장을 생각하는 데 효과적인 장소를 의미하는 말입니다. 지금이라면 차 안, 침대 위, 화장실 안이겠죠. 비즈니스 아이디어도 마찬가지입니다. 생각이 잘 떠오르는 장소에도 가보는 등 완급을 조절해 가며 끈질기게 사고에 몰입해야 경쟁자가 생각지도 못한 신사업이 태어나는 법입니다.

MBA 교수의 조언

체계적으로 아이디어를 내는 데는 스캠퍼 기법(SCAMPER)[*]이나 만다라트 기법(Mandal-Art)^{**} 등이 있습니다. 사고를 확장하고 깊이를 더하는 데 매우 효과적이며 그룹으로도 활용할 수 있습니다. 콘셉트는 유명한데 막상 실천하는 사람이나 기업은 적습니다. 여러분도 한번 도전해 보면 어떨까요?

키워드 사고몰입, 스캠퍼 기법, 만다라트 기법

---

* 창의적 사고를 유도해서 새로운 제품이나 서비스, 프로세스의 혁신을 돕는 일종의 발상 도구. Substitute(기존의 것을 다른 것으로 대체해 보라), Combine(A와 B를 합쳐 보라), Adapt(다른 데 적용해 보라), Modify, Minify, Magnify(변경, 축소, 확대해 보라), Put to other uses(다른 용도로 써 보라), Eliminate(제거해 보라), Reverse, Rearrange(거꾸로 또는 재배치해 보라)

** 종이 등에 3×3표를 작성하여 칸을 하나씩 메워가면서 아이디어를 정리 및 외형화하여 사고에 깊이를 더하는 방법으로, 마인드맵과 유사한 효과가 있다고 한다.

088

제품은 비즈니스 모델의
일부일 뿐이다

제품이 아닌 환경을 만들어라

'일본 기업들은 물건은 잘 만들지만, 비즈니스를 만들어서 살아남는 데는 취약하다'라는 말은 자주 듣습니다. 이는 제품이 아닌 환경을 만드는 것이 중요하는 것을 의미합니다.

즉, 좋은 물건뿐 아니라 비즈니스 자체를 구상하는 데 기업이 중심 역할을 하자는 것입니다.

아이폰이라는 뛰어난 제품을 무기로 삼으면서도 주변에 생태계(에코시스템)를 만들어 사용자에게 다양한 편익, '환경'을 제공하고 고수익을 올리는 애플이 하나의 모델이기도 합니다.

실제로 세계를 석권한 일본 산업을 꼽아 보면, 자동차와 복사기, 전자제품 등 대부분 품질과 가성비가 뛰어난 제조업 제품이 대부분입니다.

안타깝지만 이러한 비즈니스 모델로는 한계에 부딪히기 마련입니다.

예전에 세계 시장을 석권했던 디램은 현재 자취를 감추고 없습니다. 니치아화학이 주도했던 청색 LED도 비용 경쟁력이 우수한 신흥국 기업이 뒤를 쫓고 있어서 언제까지 우위를 유지할 수 있을지 장담하지 못하는 상황입니다.

서비스업에서는 맥도날드나 스타벅스와 같은 미국발 비즈니스가 세계적인 규모화를 진행하여 성공했지만, 일본이 서비스업으로 세계적 성공을 거둔 사례는 거의 없습니다. 이러한 상황에서 어떻게 사고하는 것이 좋을까요?

우선, 비즈니스 모델을 바라보는 시선을 새롭게 가져야 합니다. 즉, 어떤 고객에게 어떤 가치를 제공하느냐는 고객 가치제안(Customer Value Proposition, CVP)을 제대로 파악하고 그에 따른 제공방법과 이익증대 방법을 객관적인 관점에서 고민해봐야 합니다.

다시 말하면 기본 33처럼, 고객의 근원적인 필요를 원점에서 다시 이해해야 합니다. 단순히 물건을, 서비스를 판다는 발상에서 탈피하여 고객에게 어떤 기쁨을 제공할 것인지를 철저히 찾아내야 합니다.

이후 기업에 만연한 NIH증후군(Not Invented Here syndrome, 직접 개발하지 않은 기술이나 연구성과는 인정하지 않는 배타적 조직문화 또는 태도)을 버리고 제휴를 활용하여 효과적인 생태계를 조성해야 합니다. 바람직한 생태계를 조성하려면 생태계 구성원이 어디에 관심이 있는지 알고 상호협력하고 절차탁마하는 등의 환경 조성이 전제되어야 합니다.

아직 갈 길이 멀지만, 일본의 기업들 중에는 라쿠텐(Rakuten)이 '라쿠텐 경제권'이라는 구상을 내걸고 해외로 진출하려고 노력하고 있습니다.

또 '금융은 원래 전기나 가스처럼 공공재다, 누구나 사용할 수 있어야 한다'라는 발상으로 기업 인수 합병을 통해 국제 금융 플랫폼으로 성장하려는 모넥스(Monex) 그룹도 단순한 서비스 제공에서 탈피하려고 노력 중입니다.

어떻게 해야 세계적으로 가치가 있는 것을 제안할 수 있느냐는 현재 모든 기업에게 주어진 큰 과제일 것입니다.

그림 26 비즈니스 모델

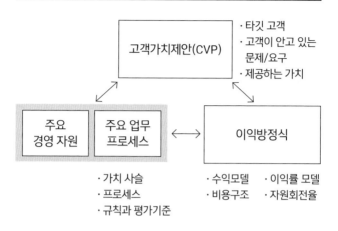

출처: 마크 존슨《화이트스페이스 전략》
클레이튼 크리스텐슨 외《비즈니스 모델 이노베이션의 원칙》
〈DIAMOND 하버드 비즈니스 리뷰〉 2009년 4월호

Chapter 10
신사업 개발

소통

키워드 환경 조성, 에코시스템, 비즈니스 모델, CVP, 객관적

089

이익 창출에서는
완급조절이 필요하다

이익방정식은 앞서 제시한 비즈니스 모델 중에서 '이익 창출'을 보여줍니다.

이익방정식이나 이익모델과 같은 말을 들으면, '광고모델'이나 '프리미엄(많은 고객에게는 무료로 제공하고 일부 사용자는 구매하게 한다)'과 같은 특징적인 과금 방식을 연상하는 분도 많으실 겁니다.

그러나 이러한 특징적인 방법론에 앞서 반드시 **'어느 분야에서 손해를 보고 제대로 벌어들일 것인가', '종합적으로 이익을 내려면 어떻게 해야 하는가'**라는 부분을 검토해야 합니다.

'초밥집이란, 초밥으로 손님을 불러들여 술로 버는 음식점이다'라는 말이 있습니다. 이는 이익 창출에서 완급조절의 필요성을 강조할 때 필자가 자주 사용하는 사례입니다.

실제 초밥집은 참치 뱃살과 같은 고급 메뉴에서 이익이 나지 않습니다. 가격이 비싼 만큼 원가도 높기 때문입니다. 또 초밥을 만드려면 장인을 채용하거나 육성해야 하는데 여기에 드는 비용도 만만치 않습니다.

재료를 사들이는 데도 신경 써야 하며, 폐기손실분도 발생합니다. 초밥 중에서 낫토말이나 달걀말이 초밥, 오징어 다리 초밥 등이 비록 이익액은 적지만 돈을 벌어줍니다.

반면에 알코올은 이익률이 매우 높습니다. 맥주 작은 병 정도면 대략 3천 원에서 4천 원 정도가 남습니다. 큰 수고가 드는 것도 아니고 숙련된 기술도 필요하지 않습니다. 기껏해야 '차갑게' 만드는 정도의 부가 가치만 더할 뿐입니다.

우리 소비자는 초밥집이라고 하면 '초밥을 먹는 곳'이라고 여깁니다. 그러나 이익방정식 관점에서 보면 초밥(특히 고급 재료)은 고객을 불러오는 요소이고 실제로는 술로 이익을 내는 곳입니다.

새 비즈니스를 구상할 때 흔히 빠지는 함정이 모든 제품, 모든 고객에게서 골고루 이익을 얻겠다는 생각입니다.

그렇지 않습니다. 적절한 이익 완급조절을 통해 전체적인 수익성을 확보하는데 효과적인 방법을 고민해야 합니다.

키워드 이익방정식, 이익모델, 광고모델, 프리미엄, 과금 방식

승자독식

비즈니스는 형태가 다양합니다. 예를 들어 분산형 사업이라고 부르는 경쟁변수가 많은 사업에서는 지역밀착형 점포 한 곳밖에 없어도 충분히 이익을 확보할 수 있습니다. 부동산업 등이 대표적인 예입니다.

반면에 세계에서 1등이거나 상위에 위치하지 않으면 수익이 나지 않는 사업도 있습니다. 이런 비즈니스에서 자주 쓰는 말이 바로 '승자독식(Winner takes all)'입니다. 무슨 수를 쓰든지 시장에서 상위 자리를 차지하는 전략을 매우 중시합니다.

다음과 같은 사업은 승자독식의 대표적인 예입니다. 세계적 경쟁에서 일본의 기업들이 고전하는 분야이기도 합니다.

1. 네트워크형 IT 비즈니스

SNS 등이 있습니다. 열쇠가 되는 메커니즘은 네트워크의 경제성입니다. 사용자가 증가할수록 다른 사용자의 편익도 올라가는 현상을 말합니다.

2. 사실 표준이 존재하는 비즈니스

사실 표준이란 시장에서 표준으로 인정받거나, 필요에 따라 업계를 중심으로 결성된 사실 표준화 기구에서 제정되는 표준을 말합니다.

대표적인 사례로는 컴퓨터용 운영체제인 윈도우가 위세를 떨칠 때의 마이크로소프트를 꼽을 수 있습니다. 애플리케이션 등도 사용자 수가 많은 윈도우에서의 구동을 전제로 만들어지다 보니, 더욱 윈도우가 편리해지고 다수의 사용자 확보로 이어지는 선순환이 시작되었습니다.

위의 두 형태에는 네트워크의 경제성과 IT 계열 플랫폼이라는 공통점이 있습니다. 플랫폼이란 다른 사업자가 제공하는 제품과 서비스의 공통기반이 되는 비즈니스를 말합니다. 유명한 플랫폼 사례로는 검색 분야를 거머쥔 구글이며 전자서적 킨들, 아이폰의 앱 스토어 등을 들 수 있습니다.

일단 편리성을 확보하여 플랫폼을 구축하고 사용자를 불러들이면 사용자와 보완자(DVD플레이어라면 DVD 소프트웨어와 같은 서로 편익을 나누는 관계)를 끌어들이기에 플랫폼 사업자의 지위는 더욱 공고해집니다. 또한, 매우 높은 수익성을 누리게 됩니다.

키워드 네트워크의 경제성, 사실 표준, 플랫폼, 보완자

091

기업가 정신은 후천적인
습득이 가능하다

《스무살에 알았더라면 좋았을 것들(What I Wish I Knew When I Was 20)》의 저자이자, 스탠퍼드대학에서 다양한 선진적 프로그램을 개발하고 기업가를 실제로 탄생시킨 티나 실리그(Tina Seelig) 교수가 한 말입니다.

흔히 신규 사업을 창출하는 사람, 특히 벤처기업가는 특수한 존재이며 타고난 성격과 재능이 차지하는 비중이 크다고 생각합니다. 최근 연구에 따르면 기업가 정신(Entrepreneurship)도 리더십과 마찬가지로 기술과 행동특성의 집합체이며 후천적으로 어느 정도는 배울 수 있는 것이 밝혀졌습니다.

실리그 교수의 말에 따르면 기업가 정신은 다음과 같은 단계를 거쳐 개발됩니다.

1. 상상력을 동원한다

이 단계에서는 아직 뜨거운 열정이 필요하지는 않습니다.

2. 창조성을 발휘한다

좋은 아이디어가 떠오르고 창조성이 무르익으면 의욕도 생기고 여러 실험에 도전하게 됩니다.

3. 혁신에 도전한다

키워드는 '집중(focus)'과 '재구성(re-frame)'입니다. 집중할 것을 찾아 사물에 대한 관점을 바꾸어 새로운 방법론을 찾습니다.

4. 기업가 정신을 발휘한다

이 단계에서는 회피하지 않고 매달리는 끈기와 사람을 불러들이는 것이 중요합니다. 실리그 교수는 이전 단계를 제대로 밟아왔다면 자발적인 동기가 매우 팽배해 있으므로, 이 단계를 극복하기가 수월하다고 주장합니다.

신규 사업을 개발할 수 있는 사람은 일부일 뿐이라는 생각은 많은 사람을 도전에서 멀어지게 했습니다. 올바른 과정을 이해하고 나서 서서히 자발적 동기를 높여간다면 누구나 기업가 정신을 발휘할 수 있습니다.

키워드 티나 실리그, 상상력, 창조성, 집중, 재구성, 자발적 동기

092

경영 자원은 마음만 먹으면
손에 넣을 수 있다

제약에서 벗어나라

대규모 비즈니스를 만든 기업가와 소규모 사업체로 안착한
기업가의 차이는 무엇일까요?

후자는 '이 정도까지도 힘든 일', '이 정도면 충분하다'라고 생
각하며 스스로 성장의 한계에 선을 긋는 경향이 있습니다. 하물
며 기존 기업 안에서 신규 사업이라도 진행하려 하면 예산과 인
원 제약 등을 먼저 의식하여 위와 같은 경향은 더욱 짙어집니
다. 이래서야 비즈니스는 발전하지 않습니다.

하버드를 시작으로 기업가 배출로 유명한 경영대학원에서
는 '자원에 제약받지 않는 마음가짐'을 강조합니다.

즉, 현재 상태의 경영 자원을 모두 배제하고 일단 머릿속을
비운 다음, 아이디어를 키우고 장대한 비전을 그립니다. 그러고
나서 부족한 경영 자원은 새롭게 채우면 된다는 발상입니다.

벤처기업가에게는 특히나 필수적인 사고방식이지만, 기업
내 신규 사업 담당자에게도 사내에 현존하는 경영 자원에 제약
받지 않고 큰 틀을 그린다는 건 매우 중요합니다.

일본도 예전과 비교하면 인재 유동화가 활발한 편이며, 투자

처에 목말라 있어 자금이 오갈 곳을 잃은 지금 사업만 매력적이라면 인력이든 자금이든 조달하기 쉬운 환경입니다.

결국에 가장 큰 제약은 자신의 좁은 시야와 낮은 의지라고 할 수 있습니다.

'의지'라고 하면 형이상학적이라는 인상을 받는 분도 계시겠지만, 성장과 목표달성에 대한 욕심도 상황을 직시하는 마음과 끈기도, 모두 의지에서 출발합니다.

앞에서도 소개한 바와 같이, 신규 사업 창출에는 과정을 의식하면서 서서히 자발적 의욕을 높여서 의지를 크고 높게 배양해가는 것이 매우 중요합니다.

키워드 자원에 제약받지 않는 마음가짐, 인재의 유동화, 의지

Chapter

11

소통

....

생산성을 높인다

생산성을 높인다

교섭 자리에 나서거나 누군가를 설득하고 회의에 참석하는 등의 지극히 일상적인 자리에서 적절히 행동하지 못하면 어떤 불상사가 벌어질까요?

교섭 자리였다면, 자사에 불리한 조건을 울며 겨자 먹기 식으로 수용하여 자사의 이익이 하락하는 상황에 몰리게 될 것입니다. 이러한 상황이 자사에만 손해일까요? 아마 자신의 사내 평판까지 하락하게 될 것입니다.

또 본래 설득 가능한 상대를 설득하지 못했다면 이 역시 조직의 생산성을 떨어뜨립니다. 상대가 사외 인사였다면 비용증가로 이어질지도 모르고, 내부인이었다면 여러분의 평판에 악영향을 미치게 됩니다.

반대로, 언제나 바로바로 설득되는 상사라면, '쉽게 넘어오는 상사'라고 낙인찍혀 부하 직원에게 체면이 서지 않습니다.

회의를 적절하게 운영하지 못할 때의 단점도 적지 않습니다. 회의는 많은 사람의 시간을 구속하는 성격이 있기 때문입니다. 회의 시간에 다른 일을 했다면 얻을 수 있던 성과, 즉 기회비용은 다 합하면 매우 큽니다. 회의는 참가자의 소통력을 연마하는 자리이기도 하므로, 운영을 잘못하면 결국 사외 교섭과 설득 자리에도 악영향이 생기는 측면도 있습니다.

대다수의 기업에서 생산성은 뒷전에 두고 이처럼 피할 수 있는 함정에 빠지는 행동을 반복하고 있습니다.

마지막 11장에서는 소통으로 생산성을 올리는 기본적인 요령을 소개하겠습니다.

Chapter 11
소통

093

가치창조형 교섭이야말로
좋은 교섭이다

Win-Win or No Deal

'Win-Win(서로에게 행복한 상태) 결과에 다다르지 못한 교섭은 타결되지 않는 게 낫다', 즉 본질적인 의미에서 윈윈하는 결과를 목표로 삼고 교섭에 임해야 한다는 뜻입니다.

교섭이라고 하면 '먹든가 먹히든가', '이쪽이 손해 본 만큼 저쪽이 이득을 본다, 질 수야 없잖은가'와 같은 시선으로 바라는 분도 많을 겁니다. 실제로 이해득실을 따져야 하는 교섭(가치분배형 교섭)도 존재합니다.

그러나 지금은 **교섭 상대를 적대시하지 않고 함께 문제를 해결하는 협력자로 보며, 독창적인 아이디어로 윈윈하는 결과 확보를 바람직한 자세**로 바라봅니다. 이를 '거친 협상가(rough negotiator)가 아니라 친절한 협상가(good negotiator)가 돼라'라고 말하기도 합니다.

그렇다면 어떻게 해야 공생하는 결과에 이를 수 있을까요? 자세한 내용은 곧 설명하겠지만 핵심은 쟁점, 즉 교섭 테이블에 올라가는 사항의 수를 늘리는 것입니다.

예를 들면 가격교섭에서 쟁점이 가격밖에 없다고 여기면 자신이 손해 본 만큼 상대가 이익을 얻는 상황이 만들어집니다. 교섭도 적대적일 수밖에 없습니다. 만일 타결되었다고 치더라도 한쪽에 불만이 남는 결과, 양자 관계는 삐걱거리게 됩니다.

그러나 다른 쟁점, 즉 제품의 납기나 지급방법 등을 논의하여 단순한 가격교섭에서 탈피할 수 있다면 서로가 수긍할 만한 타결 결과에 다가설 가능성이 커집니다.

판매자가 현금화 타이밍을 앞당기고 싶어 하는 데 반해, 구매자는 지급 타이밍을 조금이라도 늦추려 든다면 어떻게 해야 할까요? 매매가격을 조금 높이는 대신 6개월 어음 결제 방식으로 지급하여 서로가 느끼는 효용을 극대화할 수도 있습니다.

이러한 결과는 대립형, 가치분산형 교섭에서는 거의 나오지 않습니다.

함께 문제를 해결하는 가치창조형 교섭이라서 서로가 행복한 타결을 맞게 되고 결과적으로 사후 관계도 우호적으로 유지될 수 있습니다.

키워드 Win–Win 타결점, 친절한 협상가, 쟁점,
가치분산형 교섭, 가치창조형 교섭,

타결범위를 만들어라

어느 자매의 일화를 하나 소개하겠습니다.

어느 날 자매는 오렌지를 두고 언쟁을 벌였습니다. 서로 오렌지가 필요하다고 주장했던 것이죠. 그런데 자기주장만 하는 내내, 새 한 마리가 날아와 오렌지를 낚아채 갔습니다. 나중에 확인해 보니, 언니는 마멀레이드를 만들어야 해서 오렌지 껍질이 필요했고, 여동생은 오렌지가 먹고 싶었을 뿐이었습니다.

만일 두 사람이 차분히 대화를 나눴더라면 모두 원하는 것을 가질 수 있었지만, 그렇지 못한 탓에 두 사람 모두 오렌지를 잃게 된 것입니다.

현실에서의 교섭은 시간과 싸움이라는 측면도 있어서, 서로가 중시하는 부분을 얼마나 빨리 파악하는지가 중요합니다.

공생하는 타결을 만들어 내는 이론은 **'자신은 중시하지 않지만, 상대가 중시하는 것'**과 **'자신은 중시하지만, 상대는 중시하지 않는 것'**을 맞교환하는 것입니다.

이렇게 하면 겉보기에는 타결범위가 존재하지 않는 것처럼 보여도 타결범위가 생기게 됩니다. 참고로 타결범위는 교섭 용

그림 27 ZOPA 창출

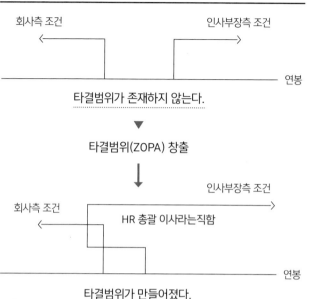

어로 Zone Of Possible Agreement, 약자로 ZOPA라고 합니다.

그림 27의 연봉교섭 사례에서 보면 경력직으로 입사한 인사부장은 대외용 직함을 매우 중시하는 한편, 회사는 그 정도로는 중시하지 않았습니다.

그 결과 '이름'을 중시하는 인사부장은 'HR 총괄 이사'라는 보기 좋은 직함을 얻어서 만족스러운 타결범위가 만들어진 것입니다.

이 사례에서는 이야기를 단순화하기 위해 연봉 이외의 요소는 하나만 제시했지만, 실제로 쟁점은 더욱 많습니다. 근무시간이며 권한, 주어진 업무 내용, 스톡옵션 등이죠.

이러한 쟁점은 앞서 이야기한 대로 '자신은 중시하지 않지만, 회사는 중시하는 부분'과 '자신은 중시하지만, 회사가 중시하지 않는 부분'을 서로 교환하면 타결범위는 더욱 확대됩니다.

사실 생각보다 구조가 복잡합니다만, 실제 사례로 1970년의 미일 섬유교섭 타결을 들 수 있습니다.

당시 1972년에 예정된 오키나와 반환문제도 얽혀 있어서 미·일 관계가 매우 긴장되어 있었습니다. 섬유교섭 결과에 따라 오키나와 반환문제에 악영향을 미칠 수도 있던 상황이었죠. 이런 중에, 일본은 미국의 요구를 거의 받아들이는 자세를 취했습니다. 대신 2천억 엔이라는 거액의 보조금을 국내 관계자들에게 보상하는 형태로 이 문제를 결말지었습니다. 당시 타결안은 다나카 가쿠에이(니가타(新潟) 출신 정치가) 통상 산업 대신(우리나라는 산업통상자원부에 해당)이 주도했습니다.

결과적으로 미국은 섬유 문제에서 경제적인 이익을, 일본은 미국과 긴장 완화라는 정치적인 이득을 얻게 되었습니다.

MBA 교수의 조언

같은 문제를 둘러싸고 이처럼 가치에서 차이가 생기는 대표적인 예는 다음과 같습니다.

- 형식 vs 실질: 명예냐 성과냐를 비교할 때입니다.
- 경제 vs 정치: 예를 들면 국제정치의 장에서 한 나라는 경제적 실리를 중시하는 데 반해 다른 한 나라는 국내정치의 압력에서 명칭에 신경 쓰는 사례입니다.
- 대내 vs 대외: 예를 들면 최고 경영자와 최고 운영 책임자(COO)가 대립할 때 대외적으로는 최고 경영자가 전면에 나서고, 대내적으로는 최고 운영 책임자가 책임을 지는 식으로 책임 범위를 분담하여 서로 체면을 세우는 상황을 만드는 경우가 있습니다.
- 상징 vs 실제: 위의 사례에서, 한쪽은 상징적인 존재로 행동하는 데 반해, 다른 한쪽은 실무를 주도하는 분담 방식으로도 생각해 볼 수 있습니다.

키워드 ZOPA, 형식 vs 실질, 경제 vs 정치, 대내 vs 대외, 상징 vs 실제

095 목표치에 따라
교섭결과가 결정된다

목표치의 높이가
합의 수준을 결정한다

어떤 일이든 최초의 목표 설정 정도가 높아야 최종적인 결과도 높아지는 법입니다. 그러나 이 기본은 의외로 잊혀지기 쉽습니다.

교섭에 익숙해진 사람일수록 '예상되는 결론'이 빨리 보이기 마련입니다. 교섭은 준비가 생명이므로 예상되는 결론(타결점)의 상정 자체는 결코 문제가 되지 않습니다. 오히려 제대로 대비해야 합니다.

다만, 타결점이 낮으면 결과도 낮아지게 됩니다. 특히 상대가 자사보다 규모가 크다고 움츠러들면 타결점이 낮아지기 쉬운데, 그럴수록 상황을 직시하면서 목표치를 높게 갖고 안이하게 타결하지 말아야 합니다.

다음 내용을 의식하면 목표치를 높게 갖는 데 효과적입니다.

1. 교섭은 문제 해결을 위한 공동작업이다

교섭을 문제 해결을 위한 작업이라고 여긴다면, 목표의 높이는 욕심의 잣대가 아니라, 높은 원원 결과를 가져오는 바람직한 행위라고 여기게 됩니다.

2. 회사를 대표한다는 의식을 갖는다

겸허함이나 조심성은 개인에게는 미덕이지만, 회사 대표로 교섭에 임하는 사업가에게는 해당하지 않습니다. 회사 대표자와 개인은 다르기 때문이죠. 평소에 양보를 잘하는 사람일수록 회사 대표라는 자부심을 품고 자신의 역할에 충실하게 목표를 높이 설정하는 데 의식을 집중해야 합니다.

3. 의지를 갖는다

자기 자신의 의지를 새삼 높이 품어야 합니다. 사람은 경험을 통해 좋든 싫든 둥글둥글해지고 미래의 모습이 어렴풋이 보기도 합니다. 그러다 보면 건전한 야심이라는 초심을 잊고 자기 계발을 게을리하게 됩니다. 현실에 안주하기보다, '원래 하려던 일은?', '후대에 뭘 남기고 싶은가?' 등을 자문하면서 자신을 북돋우며 다시 한번 높은 의지를 불러일으켜야 합니다.

키워드 목표 설정, 타결점

096

감정, 규범, 이득

위의 세 가지는 사람을 설득할 때 지렛대로 쓰입니다. 상대의 상황을 봐 가며 지렛대를 나눠서 사용하면 효율적으로 설득할 수 있습니다. 또한, 규범은 '○○다운 것, □□하는 게 좋다' 등의 대의이자 미의식이며, 이득은 금전이나 금전으로 환산할 수 있는 손익계산을 의미합니다.

그림 28에서도 알 수 있듯이, 감정은 규범이나 이득과는 위치가 조금 다릅니다. 감정은 울거나 하여 상대의 정서에 호소하면 설득은 될지언정 비즈니스에서는 자주 쓸만한 무기는 아닙니다. 일반적으로는 상대를 안정시키거나 설득에 응하도록 토대를 다지는 데 이용하는 정도로 활용해야 합니다.

그런 다음 등장하는 규범 혹은 이득은 상대를 움직입니다. 세상에는 대의나 미의식으로 움직이는 사람도 있는가 하면 이득을 중시하는 사람도 있습니다.

전자는 한 회사의 대표가 사장직 사임을 타진할 때 '조용히 물러나는 것이 윗사람의 당연한 처신', '오랫동안 존경받아 온 사람이 마지막에 추태를 부려서야'와 같은 말로 설득하는 경우

그림 28 설득의 구조

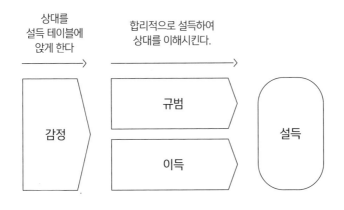

입니다.

실무에서 전자를 후자와 착각하면 감정을 상하게 할 수도 있으므로, 우선은 규범으로 설득할 수 있을지 타진해 보고 그래도 반응이 약하다면 이득을 끄집어내는 게 적절합니다.

물론 규범과 이득 어느 한쪽으로 치우치지 않은 설득도 효과적이므로 균형점을 찾아볼 필요는 있습니다.

어느 쪽이든, 사전에 상대의 됨됨이를 알아보는 게 매우 중요합니다. 꼭 실천하시길 바랍니다.

키워드 설득의 지렛대, 미의식, 손익계산, 설득의 구조

097 영향력을
주의하라

상호성과 일관성을 주의하라

상호성과 일관성은 로버트 치알디니(Robert Cialdini)가 저서 《설득의 심리학(Influence, 5/e: Science and Practice)》에서 밝힌 여섯 가지 영향력 중 하나로, 교섭과 설득 면에서 특히 의미가 있습니다. 이를 무기로 삼는 사람이 많다는 데 주의하자는 것이 소제목의 취지입니다.

상호성이란 타인에게 무언가 도움을 받으면 반드시 갚으려는 사람의 성향을 의미합니다. 사람은 부담이 되면 이를 빨리 해소하고 싶어 합니다.

상호성이 무서운 것은 부담이 실재하지 않는 가공의 경우라도 마치 있는 것처럼 느끼기 때문입니다. '상사를 설득하는 데 상당히 힘들었다'라고 말하면 많은 사람이 그 사람에게 부담을 느끼는 것처럼 말입니다.

반면에 일관성은 일관된 주장을 하는 것처럼 보이길 원하는 사람의 성향입니다. 상황에 따라 말을 바꾸는 사람이 주변으로부터 신뢰받지 않기 때문입니다. 일관성도 사람이 행동하는 데 매우 강한 영향력을 미칩니다.

상호성과 일관성을 이용한 유명한 교섭술과 설득 기술을 소개하면 다음과 같습니다.

1. 고등 심리 전략(door in the face)

이는 상호성을 이용한 매우 유명한 기술입니다. 여기에서는 A와 B의 교섭이라고 가정합니다. 처음에 A가 B에게 과도하게 요구했습니다. 예를 들면 '500만 원 기부 요청'과 같은 식입니다. B로서는 도무지 받아들일 수가 없어서 '아무래도 안 되겠다'라고 대답합니다. 이 대답에 A는 '그럼 100만 원은 어떤가' 하고 요구치를 낮춥니다.

B는 A가 요구를 낮춰준 데 부담을 느끼고 자신의 생각에 다소 요구치가 높더라도 조건을 수용하고 맙니다. 어쩌면 A가 낮춘 요구치가 원래 목표치였을지도 모릅니다.

2. 단계적 요청법(foot in the door)

이는 일관성을 이용한 기술입니다. 여기에서도 A와 B 두 사람을 상정합니다. 이번에는 우선 A가 B에게 3만 원 기부를 요구합니다. B는 '3만 원쯤이야' 하며 가벼운 마음으로 응합니다. 그리고 얼마 지나서 A는 B에게 이렇게 말합니다. "B 씨는 ○○에 관심이 많은가 봅니다. 이미 기부도 한 번 했으니까. 이번에는 10만 원 정도 어때요?"

성격이 단호한 사람 같으면 거절할 수도 있지만, 마음이

약하거나 기부행위가 다른 사람에게 공개된 경우라면 한 번 취한 행동을 바꾸지 못하고 상대의 요청을 수락하게 됩니다. 그리고 서서히 커지는 상대의 요구를 거절하지도 못한 채로 정신 차리고 보니 수천만 원이나 기부해 버리는 상황에 빠집니다.

3. 낮은 공 전략(low ball)

이 역시 일관성을 이용한 기술입니다. 먼저 쉽게 수용할 만한 요구를 내보이는 것이죠. 예를 들어 A가 B에게 '브레인스토밍 좀 하려고 하는데, 한 15분만 시간 내줄래?'라고 합니다.

이 정도라면 응해 줄 만하죠. 문제는 여기부터입니다.

'그런데 이번 브레인스토밍 토요일 아침에 해도 될까?'라고 A가 제안했다고 가정합시다. 그러면 B는 토요일은 주말이고 쉬고 싶으므로 내심 거절하고 싶지만, 벌써 하겠다고 했으니 거절하기가 영 꺼림칙합니다. 주변에 사람이라도 있으면 더더군다나 입 밖에 내기 힘듭니다. 엎친 데 덮친 격으로 A는 회심의 일격을 가합니다. "그러면 이 자료도 좀 준비해 주겠어?"

만일 처음부터 '토요일 오전에 브레인스토밍하고 싶은데, 자료 준비해서 15분 정도 참가해 달라'라고 했으면 거절했을 수도 있었는데, 작은 요구를 받아들인 탓에 결국 큰 요구까지 수용해야 했습니다.

이러한 기술은 알아두었다가 '이거다!' 싶을 때, 다소 내키지 않더라도 단호하게 거절하거나 반문을 통해 상대가 얼마나 부당한지를 드러내는 것도 효과적입니다.

MBA 교수의 조언

로버트 치알디니가 지목한 나머지 4가지 영향력의 무기는 다음과 같습니다. 어쩌면 무의식중에 자신의 행동에 영향을 주고 있었을지도 모릅니다.

· **사회적 증거**: 특히 자신 없는 분야에서는 다수의 행동을 따르는 성향
· **호의의 원칙**: 호의가 있는 사람이 하는 부탁은 쉽게 수용하는 성향
· **권위의 원칙**: 권위가 있는 사람의 지시에 맹목적으로 따르는 성향
· **희귀성의 원칙**: 희소한 것에는 가치가 있으므로 잃어버리거나 하는 일을 회피하려는 성향

키워드 영향력이라는 무기, 고등 심리 전략, 단계적 요청법,
낮은 공 전략, 사회적 증거, 호의, 권위, 희귀성

098

사내 회의에서 상대를
말로 이긴들 얻어지는 건 없다

논의의 목적은
승리가 아니라 개혁이다

사내 회의가 전쟁터가 되는 일이 있습니다. A안과 B안 지지자들이 충돌하여 진흙탕 싸움 끝에 어느 한쪽으로 결정은 났지만, 모두가 감정적으로 흥분한 탓에 개운치 않았던 경험을 한 분도 계실 겁니다.

토론이라면 승부를 겨뤄야 하므로 싸움이 나더라도 문제 될 게 없습니다. 하지만 사내 회의는 본래 '기업가치 향상'이라는 목적을 공유하는 동료가 모인 자리입니다. 토론하더라도 회사에 도움이 되도록 방향성을 잘 설정해야 합니다.

소제목은 프랑스의 사상가 조제프 주베르(Joseph Joubert)의 말입니다. 왜 사람들이 논의에서 승리를 목표로 삼는지에 대한 이유는 다음과 같습니다.

1. 소속한 조직의 이익 대표가 되었다.

2. 자신이 불리해지는 것을 일절 허용하지 않는다.

3. 논의에 지면 인격을 부정당하는 기분이 든다. 지기 싫어 한다.

3번의 지기 싫어하는 경우를 제외한 나머지는 기본적으로 전사적(회사 전체 차원) 시점이 빠져있으며, 공생을 위한 창의적인 해결방안 모색을 포기한 모습입니다(기본 93, 94 참조).

이런 상황이 빈번하게 발생하는 조직이 창조력 있고 경쟁력 있는 조직이라고 할 수 있을까요?

물론 공생을 위한 창의적인 아이디어를 제안하기란 쉽지 않지만, 그럴수록 집단지성(기본 99 참조)이 필요합니다.

특히 지위가 높은 사람일수록 회의에서 대립이 일어날 것 같으면 수습하고 전체 최적이 되는 방향으로 회의를 유도해가야 합니다.

이러한 자세가 젊은 사원들에게 전해지면 조직의 사고방식이 유연해지는 동시에 동료의식도 배양되기 때문입니다.

키워드 토론, 이익 대표, 전사적 시점

099

의외로 대중이 현명할 수도 있다

소제목은 사회심리학자 제임스 서로위키(James Surowiecki)의
저서《대중의 지혜(The Wisdom of Crowds)》를 그대로 인용한 말입
니다.

한 주제에 대해서 의견이 있는 사람이 여럿 모인 자리에서
만들어지는 평균적 견해는 전문가 한 사람의 의견보다도 적중
할 때가 많다는 뜻입니다.

이것이 바로 집단지성의 힘이며, 회의의 장점이기도 합니다.

필자는 예전에 컨설팅 업계에 종사했습니다만, 컨설턴트라
고 해도 처음 대하는 업계라면 지식이 전혀 없는 경우가 많습
니다.

그러나 비평적 사고에 기반한 관점과 타 업계와의 유사점 등
을 알고 있는 컨설턴트는 업계에 정통하지는 않아도 논의를 더
나은 결론으로 이끌어 갈 정도는 됩니다.

대중의 의견이 나름대로 타당해지려면 다음과 같은 몇 가지
조건이 갖춰져야 합니다.

- **다양성**: 다양한 배경에서 나온 의견이 많다.
- **독립성**: 타인의 영향을 받지 않는다.
- **분산성**: 각자의 지식을 바탕으로 검토한다.
- **다양한 의견을 집약하는 구조**

위의 조건들이 담보되지 않은 공동체의 의견, 예를 들면 극단적인 사고를 하는 사람만이 모인 가상공간이나, 특정한 사상을 지지하는 사람만이 모인 정치적 집회에서 도출된 의견 등은 편향적이기 쉬우므로 주의해야 합니다.

다만, 현실을 고려했을 때, 어쩌면 위의 네 가지 조건이 갖춰진 토론 자리가 더 드물지도 모릅니다.

대기업의 대표 임원 회의에서 성별이며 나이, 국적과 같은 의미에서 다양성을 꼭 갖출 필요는 없지만, 참가자의 서열이 있다면 사실상 독립성은 이루어지지 않습니다. 또 모든 참가자에게 발언 기회가 있는지도 의문입니다.

집단지성의 힘은 매우 크지만, 기업에서 이를 어떻게 끌어낼 것인지가 중요할 것입니다.

키워드 집단지성, 다양성, 독립성, 분산성

회의 목적과 그에 따른
공헌을 명시하라

회의에서 목적의 명시는 기본적인 사항인데도 기업들에서 실행되지 않는 부분이기도 합니다. 또 참가자의 공헌에 대한 기대 혹은 실제 공헌 내용도 일반적으로 밝히지는 않습니다.

회의의 목적에 대해서는 두말할 필요도 없습니다. 본래대로라면 사전에 의제(agenda)를 공유하고 의사를 결정해야 하는 사항(나아가서는 중요도나 우선도도 포함), 정보공유 사항, 기타 등을 명시해야 합니다.

그렇지 않으면 회의 시간 배분 등 균형이 깨져서 본래 정해야 할 사안이 정해지지 않거나 시간을 들여서 논의해야 할 안건에 시간이 부족해지는 등 불상사가 발생하게 됩니다.

이러한 이유로 될 수 있는 대로 사전에 정보를 공유하고, 당일은 의사결정과 의견교환에 집중할 수 있도록 지혜를 모으는 곳도 있습니다.

반면에 공헌에 대해서는 의제도 명시하지 않는 기업이 많지 않을까요? 여기서 말하는 공헌은 사전준비와 회의에서의 공헌의 두 종류가 있습니다.

사전준비는 전혀 의식하지 않는 분도 있을 겁니다. '이 자료는 ○○부에서 준비할 것'이라고 생각하는 것이죠.

사람은 바쁠수록 대수롭지 않은 업무는 잊어버리기 쉬우므로, 먼젓번 회의 의사록에 차기 회의 의제에 책임을 명확히 해 두어야 합니다.

회의 중 공헌을 문서로 만들 필요는 없습니다. 그러나 중요한 회의라면 누가 무슨 말을 했는지가 매우 중요할 때가 있습니다. 외부에 발언자를 어디까지 밝혀야 하는지 판단하기 미묘한 부분도 있지만, 필요에 따라서는 명시하는 부분도 검토해 봐야 합니다.

키워드 의제, 의사록

하루 10분 MBA

매일매일 실천하는 비즈니스의 100가지 기본

초판 발행일 2021년 4월 12일 **1판 2쇄** 2021년 7월 15일
발행처 비즈니스랩 **발행인** 현호영
지은이 글로비스, 시마다 츠요시 **옮긴이** 이정은
디자인 임림 **편집** 권도연
주소 서울시 마포구 월드컵로 1길 14, 딜라이트스퀘어 114호
팩스 070.8224.4322 **이메일** uxreviewkorea@gmail.com
등록번호 제333-2015-000017호
ISBN 979-11-88314-75-1

비즈니스랩은 유엑스리뷰 출판그룹의 경제경영 전문 브랜드입니다.